ANNI SENNOV

I0616352

LES ÉNERGIES CRISTAL ET INDIGO :
UN ÉQUILIBRE À TOUS LES NIVEAUX

good adventures publishing

Les Énergies Cristal et Indigo : un équilibre à tous les niveaux

©2016, Anni Sennov et Good Adventures Publishing
Première édition, deuxième impression
Imprimé en Cambria
Mise en page : Anni Sennov – www.good-adventures.com
Conception de la page de couverture :
Michael Bernth – www.monovoce.dk
Photo de couverture : Pata Degerman
Photo de l'auteur o : Lisbeth Hjort – www.lisbethhjort.dk

Titre anglais :
Balance on All Levels with the Crystal and Indigo Energies
Traduit de l'anglais par Gabrielle Sedita
Relu par Sue Jonas Dupuis

ISBN 978-87-92549-67-9

Remerciements

Je souhaite vivement remercier Finn Pata Degerman de m'avoir permis d'utiliser sa très belle photographie sur la couverture de ce livre. La photo a été prise à minuit, sur l'archipel d'Ekenäs, au sud de la Finlande.

Avis

Malgré tout le soin apporté par l'auteur et l'éditeur pour assurer l'exactitude et l'intégralité des informations contenues dans cet ouvrage, nous déclinons toute responsabilité quant aux erreurs, inexactitudes, omissions, ou toute autre incohérence. Toute opinion perçue comme étant offensive par des personnes, lieux ou organismes est involontaire.

Les lecteurs sont tenus de se fier à leur propre jugement ou de consulter un expert en médecine holistique ou leur médecin pour toute application pratique à leurs problèmes individuels.

Sommaire

Introduction

Ce livre est une version mise à jour réunissant deux de mes livres : *Balance on All Levels (Un équilibre à tous les niveaux)*, paru en 2002 et *Crystal Children, Indigo Children and Adults of the Future (Les enfants Cristal, Indigo et les adultes du futur)*, paru en 2004.

Ce livre vous expliquera ce qu'est une AuraTransformation™. Il décrit aussi les différences entre les trois structures auriques, à savoir l'aura de l'âme, l'aura Indigo des Temps Nouveaux et l'aura Cristal. Enfin, il vous indiquera comment chaque domaine de la vie, tant personnel qu'énergétique, est touché à sa façon par une AuraTransformation™.

Une partie du livre explore les concepts du masculin et du féminin, de toute importance pour l'équilibrage qui suit toujours une AuraTransformation™. La partie finale du livre donne un aperçu du phénomène d'AuraTransformation™ d'un point de vue spirituel.

Si après avoir lu cet ouvrage, vous souhaitez bénéficier d'une AuraTransformation™, vous trouverez une liste d'Aura Mediators qualifiés en vous rendant sur **www.auratransformation.fr.**
  Je vous souhaite tout de bon sur votre chemin et j'espère sincèrement que vous choisirez l'aura des Temps Nouveaux et toutes les opportunités qu'elle peut vous offrir, si vous sentez que cela pourrait vous être bénéfique.

Avec toute mon amitié,

Anni Sennov
Printemps 2011

L'Histoire derrière l'AuraTransformation™

Quand j'étais très jeune, je n'avais jamais entendu parler du monde alternatif. Je ne connaissais que les horoscopes que l'on trouve dans les magazines, qui m'intéressaient beaucoup, d'ailleurs – prédire l'avenir, imaginez cela !

À 17 ans, j'ai commencé à lire des ouvrages sur l'astrologie, qui est devenue une passion dévorante. Puis à 22 ans, j'ai peu à peu découvert divers soins, la méditation, les voyages planétaires et la régression thérapeutique, avec pour effet de radicalement dissoudre ma perception du monde. Je décidai donc de mettre de côté pendant quelques années toutes ces nouvelles connaissances concernant les modes de vie alternatifs.

Lorsque j'eus 27 ans, je tombai gravement malade pendant trois ans et demi, souffrant de crises d'eczéma très sévères. Pendant cette période, les membres du système médical établi me firent subir toute une batterie de traitements, sans aucun résultat probant. J'essayais également tout ce que je pouvais trouver en matière de thérapies alternatives, mais rien ne soulageait cette affection si douloureuse.

Par une journée d'été brûlante, je résolus d'être en bonne santé coûte que coûte, et que cette responsabilité était entièrement la mienne. Je décidai d'arrêter de mettre constamment ma vie entre les mains de thérapeutes. C'est alors qu'un « miracle » se produisit.

En moins de deux semaines, mon eczéma disparut, et je découvris que j'étais enceinte. Ces deux évènements me semblaient avoir découlé de ma décision consciente d'assumer la responsabilité de ma vie.

Je ne savais cependant pas encore qu'à la différence de la plupart des gens, mon aura ne comportait aucun corps énergétique. Quelques années passèrent, durant lesquelles je me limitai à la lecture d'horoscopes et aux soins, tout en m'occupant de mon jeune fils, avant de recevoir le message qui allait devenir l'AuraTransformation™ et que la solution à mon problème cutané me semble soudain évidente. C'est à ce moment que les choses commencèrent à vraiment décoller dans mes pratiques de soin. Ce processus provoqua énormément de résistances autour de moi. Mon entourage et un certain nombre de praticiens alternatifs trouvaient vraiment qu'il me manquait une case. Comment était-il donc possible que je puisse percevoir des états énergétiques qui allaient bien au-delà de toute connaissance spirituelle reçue en channelling jusque-là ?

Cela s'explique par le fait que leurs auras étaient intactes, alors que la mienne ne l'était pas, en raison de ma maladie. Curieusement, ceci n'avait pas été détecté par les médiums que je fréquentais au cours de cette période. Ils n'étaient pas en mesure d'appréhender mes états énergétiques, qui étaient bien au-delà de leur propre cadre de compréhension, phénomène qui continue à ce jour à prédominer dans certains cercles spirituels, bien qu'heureusement, la compréhension de l'énergie ait progressé.

Je suis sûre que lorsque je commençai à diffuser le concept de l'AuraTransformation™ de façon plus poussée, mes collègues des cercles de thérapies alternatives ont dû me trouver vraiment provocante.

Aujourd'hui, il existe de nombreux Aura Mediators spécialement formés, surtout en Scandinavie. Ils sont heureusement capables de communiquer le concept de façon beaucoup plus modérée que je l'ai fait lors de ma découverte en 1996.

Ma propre AuraTransformation™ se produisit grâce à l'aide d'une amie guérisseuse et qui put canaliser des énergies extrêmement puissantes.

Avant ma guérison, j'avais reçu des signaux très clairs indiquant que j'avais besoin d'intégrer de toute urgence une protection plus puissante autour de mon corps, car mon aura comportait une « fuite » et laissait mon énergie s'écouler autour de moi. Je ne me doutais pas qu'une AuraTransformation™ était sur le point d'avoir lieu.

Lors de ce soin, mon amie entra dans un état ressemblant à une transe, mais heureusement, grâce à mes capacités psychiques, je fus capable de rester concentrée pendant l'intervention, durant laquelle ma conscience spirituelle se connecta totalement à mon corps. Cette méthode, qui fut rapidement adoptée par la plupart de mes clients sur une période relativement courte, devint la base qui permit d'apporter l'énergie des Temps Nouveaux à de nombreuses personnes.

Où allons-nous ?

Le monde et notre vie sont toujours en partance vers de nouveaux horizons. La nature de l'esprit et de la vie est d'être en perpétuel mouvement.

Ce n'est qu'à travers la matérialité comprimée et la matière sur cette Terre que les choses restent stables et conservent leur forme et leur structure au fil du temps.

Si nous étions en mesure de rester aussi immobiles que la matière la plus dense, la vie deviendrait impossible. Lorsque les gens se retrouvent totalement ou partiellement bloqués, que ce soit émotionnellement, mentalement ou physiquement, et ne comprennent pas ou ne parviennent pas à aller dans le sens du flux de vie éternelle, l'énergie vitale devient paralysée, entraînant des déséquilibres physiques et mentaux.

Il est donc essentiel de rester en mouvement intérieur, pour faire fructifier les conditions de vie optimales pour l'esprit. Il est tout aussi important de veiller au repos régulier du corps physique, pour ne pas se retrouver à plat. Le mental ne se fatigue pas ; il peut facilement rester éveillé tant qu'il est suffisamment stimulé.

Le besoin de sommeil et de repos provient entièrement des besoins du corps et du cerveau, dans la mesure où ces deux systèmes travaillent énormément pour nourrir l'ensemble de l'architecture en fournissant un cadre solide et harmonieux.

Combien d'amoureux passent leur temps à dormir ? Pas beaucoup ; ils préfèrent vivre, ressentir, flotter dans leur état mental de pur plaisir. La nécessité de se reposer est fondamentale et devra être satisfaite à un autre moment, lorsque la vie, l'esprit et l'énergie ne seront pas occupés de façon aussi intense. Il est d'ailleurs intéressant de noter que votre corps n'éprouve en réalité aucune fatigue lorsqu'il est intensément traversé par la vie et l'amour. La vie et l'esprit sont au cœur de l'existence et constituent un véritable élixir de jouvence. Ils font tourner le corps et l'ensemble de notre système à plein régime, créant ainsi une base qui permet de jouir d'une espérance de vie plus longue que si le système fonctionnait plus lentement, accablés par la lourdeur ou la dépression.

Une fois que la période initiale de l'état amoureux est émoussée, on ne se réveille pas tout d'un coup en ayant besoin d'une bonne nuit de sommeil. Le repos n'est pas problématique tant que le mental est vif et heureux.

L'esprit est la vie ; lorsque la vie circule harmonieusement, elle crée des conditions qui permettent à l'esprit de donner à votre corps une énergie vitale plus forte et davantage de bonheur.

Donc... où nous dirigeons-nous ?

Nos systèmes humains sont sur le point de s'ouvrir à un espace élargi afin que l'énergie d'esprit et de vie puisse nous emplir au plus haut degré. En observant les jeunes enfants aux énergies radicalement nouvelles qui arrivent en ce moment sur Terre, nous remarquons des énergies qui ne peuvent être supprimées par autre chose que les limites physiques du corps ou de l'ignorance humaine et par un manque de compréhension de la structure interne dont sont équipés ces nouveaux enfants dès la naissance.

Malgré leur petite taille et le fait qu'ils ne peuvent pas encore parler ni comprendre le langage humain, à l'intérieur, ils sont bien souvent dotés d'une capacité spirituelle fort supérieure à celle de leurs parents ou autres adultes.

En tant qu'adultes, nous devons nous souvenir que les enfants plus particulièrement, et nous aussi, bien sûr, sommes en mesure de laisser s'épanouir l'esprit de façon optimale dans le corps, pour vivre notre vie pleinement. Nous devons aussi aider ces enfants à accepter qu'ils doivent fonctionner dans notre société au sein de structures et de cadres « anciens », jusqu'à ce que ceux-ci aient tant changé qu'ils seront parfaitement accordés à l'énergie des Temps Nouveaux. C'est à ce moment-là que les enfants pourront s'identifier à eux.

Notre monde avance désormais constamment vers une énergie des Temps Nouveaux de plus en plus importante. Les parents d'un enfant des Temps Nouveaux ont par conséquent une immense responsabilité. Fort heureusement, ils peuvent la partager avec d'autres personnes, s'ils le veulent bien.

Les adultes représentent le pont entre les temps anciens et nouveaux ; ils doivent enseigner à leurs enfants comment vivre en équilibre physique et spirituel, en sachant que les adultes sont eux-mêmes le produit d'une énergie des temps anciens concentrée sur l'extérieur et reposant sur tout ce qui peut être vu, entendu et ressenti.

Contrairement aux adultes, les enfants d'aujourd'hui arrivent ici en ayant une énergie d'esprit totalement libre et intuitive, intérieurement guidée et une force vitale directement intégrée à leurs systèmes. C'est d'une évidence aveuglante, même pour les adultes les plus limités. Les adultes devront apprendre à adopter cette énergie comme la leur et à ne pas la considérer comme étant indésirable, devant être refoulée ou éliminée au plus vite.

Les enfants des Temps Nouveaux sont en principe des enfants extrêmement intelligents, dotés d'une remarquable perspicacité. Leur ouverture d'esprit vis-à-vis de la nouveauté est telle qu'ils peuvent inspirer leurs parents et autres adultes sur leur propre chemin d'épanouissement personnel. Les adultes doivent cependant nourrir une attitude ouverte et positive envers les contributions des enfants dans la vie de tous les jours.

Tout le monde voit bien que les enfants des Temps Nouveaux diffèrent des enfants d'époques antérieures ; ils sont si pleins de vie que cela peut parfois même être pénible pour leurs parents, enseignants et adultes de leur entourage, lorsqu'ils se laissent aller. Si les adultes n'ont en eux aucune trace d'énergie des Temps Nouveaux, leurs systèmes risquent de « court-circuiter » plusieurs fois par jour, à force d'essayer de s'aligner à la vivacité interne et externe de ces enfants. Ces enfants sont ici pour de bon, nous devons nous attendre à en accueillir de plus en plus, les adultes ayant fait le choix de les engendrer. Il incombe donc à chaque adulte de trouver des solutions rapides et efficaces à tout problème découlant de la coopération ou de la communication entre les générations.

L'Énergie des Temps Nouveaux

Les Temps Nouveaux sont là pour durer, tout comme l'énergie qui accompagne les enfants qui s'incarnent actuellement. Les adultes doivent par conséquent être plus souples dans leur façon d'accueillir ces nouvelles énergies non structurées, et ce de façon plus efficace qu'auparavant. Les adultes doivent également veiller scrupuleusement au respect de leurs frontières personnelles par rapport à ces nouveaux enfants.

Nous sommes à l'aube d'une nouvelle ère, dans laquelle les énergies des enfants sont souvent bien plus puissantes que celles de leurs parents, ce qui explique pourquoi les parents ne doivent pas hésiter à établir des limites claires et à vivre de façon cohérente.

L'énergie et la façon puissante, souvent transgressive et sans inhibition de s'exprimer des enfants des Temps Nouveaux ne doivent évidemment pas dominer les adultes, mais c'est malheureusement déjà le cas dans de nombreux pays.

Les enfants et les adultes doivent faire preuve d'un respect réciproque.

Compte tenu des aspects positifs de l'intégration des énergies non structurées des Temps Nouveaux, il apparaît clairement que de nombreux adultes devront réévaluer leur façon d'éduquer leurs enfants, ainsi que leur regard sur le monde. Les enfants reflètent jusque dans les moindres détails les comportements adultes, et particulièrement ceux des parents, provoquant d'incroyables révélations. Malheureusement, les enfants ne gomment pas les caractéristiques et comportements moins reluisants qu'ils héritent de leurs parents !

Si vos enfants semblent vous renvoyer des traits personnels dont vous n'êtes pas fier, commencez par vous observer et modifiez les comportements en vous, pour stimuler une empreinte positive chez votre enfant.

Les enfants des Temps Nouveaux ont souvent besoin d'aide pour comprendre et respecter les habitudes et coutumes familiales et sociales. Ce n'est que lorsque cette compréhension est suffisamment bien ancrée qu'il est envisageable de les consulter ou de les inviter à contribuer à la maison ou à leur environnement immédiat. Ils ne manqueront alors pas de faire de nombreuses propositions constructives, nous mettant souvent sur la voie de raccourcis.

Les enfants doivent apprendre à gérer leur propre énergie avant de pouvoir espérer avoir une influence plus décisive sur leur vie et leur entourage. Dans la mesure où l'énergie que ces enfants génèrent est loin d'être négligeable, elle ne doit pas être libérée prématurément, sans supervision, ni avant l'acquisition nécessaire d'une dose de retenue. Cela équivaudrait autrement à l'effet d'un essaim d'abeilles pénétrant subitement chez vous – de surcroît, c'est vous qui aurez laissé la porte ouverte à ces problèmes.

Les parents d'enfants des Temps Nouveaux doivent donc s'assurer que leurs enfants sont capables de gérer leur interrupteur personnel en toute sécurité avant de les lâcher dans le monde adulte. C'est une responsabilité dont prennent conscience de plus en plus de parents, à mesure que nous progressons dans les Temps Nouveaux, où l'honnêteté, la confrontation directe, la cohérence et la responsabilité deviennent la norme.

En accueillant des enfants à une époque si particulière, les adultes ne doivent pas uniquement accueillir les aspects sympathiques de leur enfant, sous prétexte qu'ils ne sont pas en mesure d'intégrer leur être complet. Ils doivent accepter tout l'enfant ou ne pas en avoir, voire déléguer la responsabilité entière de l'enfant à quelqu'un d'autre, sans s'attendre à recevoir un

« laissez-passer » en tant que parents lorsque tout le travail parental aura été fait.

Les enfants des Temps Nouveaux sont en réalité tout aussi loyaux envers leurs guides dans la vie que l'étaient les enfants envers des parents irresponsables auparavant.

Aujourd'hui, les parents n'ont aucune garantie que leurs enfants leur seront attachés pour toujours, à moins d'agir de façon positive tout au long de leur enfance, ce qui est d'ailleurs juste. L'attention et l'énergie de vos enfants ne vous sont pas dues simplement parce que vous êtes leur parent biologique. Vous les méritez en échange de bienfaits que vous leur procurez.

À l'avenir, l'esprit et le corps ne feront qu'un. Les personnes partageant des affinités de cœur et suivant toujours les impulsions de leur cœur chemineront ensemble à la fois en pensée et dans la vie physique.

Les Enfants Indigo

« *Enfants Indigo* » est une expression qui décrit les enfants nés entre 1995 et 2008 inclus. Ils naissent en ayant une aura de couleur indigo – voir l'illustration page 80 – et en étant des canaux énergétiques ouverts capables de canaliser à tout moment l'énergie cosmique vers eux-mêmes et quelqu'un d'autre, soit par le soin, soit par contact humain. Ils sont guérisseurs par nature, mus par un immense désir d'aider tant les humains que les animaux, d'abord parce qu'ils ne peuvent s'en empêcher, mais aussi parce qu'ils veulent secrètement que les adultes reconnaissent leur immense potentiel humain. Les enfants et les jeunes s'appliquent inconsciemment pour créer une connexion ouverte entre le céleste et le terrestre dans la vie d'adultes, et surtout dans la vie de leurs parents.

Ils sont souvent les intermédiaires entre les temps anciens et nouveaux, en tant qu'ambassadeurs de l'énergie des Temps Nouveaux.

Les enfants Indigo sont autodidactes et n'ont aucun mal à imiter leur entourage ou à trouver de nouvelles façons de faire les choses par eux-mêmes. Ils peuvent sembler peu sociables et ouvertement provocateurs, en raison de leur absence de limites et d'un manque total de respect envers beaucoup de choses.

Les Indigos n'ont aucune soumission innée à l'autorité et détestent les systèmes établis. Ils ne pourront respecter un adulte qui ne se respecte pas lui-même, quelque chose qu'ils perçoivent à distance, de façon quasi animale.

Ils naissent avec un équilibre interne complet, bien que cela ne soit pas toujours évident aux yeux d'adultes. Ils sont donc tellement honnêtes et à la recherche de vérités profondes en eux-mêmes qu'ils sont incapables de mentir, que ce soit à eux-mêmes ou d'autres. Leurs actions parfois provocatrices vis-à-vis du monde ne proviennent pas de mauvaises intentions. Il s'agit plutôt de manifestations de leur sentiment d'impuissance par rapport à une situation donnée, par exemple lorsque des adultes leur paraissent insensibles en cas de déséquilibre.

Les Indigos ont une très forte intuition et ont beaucoup de mal à se mentir, parce que le corps leur « révèle » les situations troubles en se mettant « en grève ». Lorsqu'ils se forcent ou qu'on les oblige à faire quelque chose qu'ils ne veulent pas faire ou qui ne les rend pas heureux, cela peut se manifester par des maux d'estomac, de tête ou des douleurs à la gorge, surtout si leurs limites ne sont pas respectées.

Les enfants Indigos naissent avec une grande estime de soi ; ils croient en eux-mêmes et en leurs aptitudes. Ils sont par consé-quent convaincus que tout le monde, et surtout leurs parents, sera fasciné par leur interprétation d'une histoire, ce qui entraîne souvent de grandes discussions.

Ils ne nourrissent pas de nombreuses peurs, parce qu'ils se croient capables de tout faire eux-mêmes dès un âge très jeune. Ils peuvent s'avérer être de vrais dangers pour eux-mêmes, car ils ne saisissent pas tout à fait les limitations du corps physique, tout en maîtrisant leur potentiel spirituel dès la naissance. Ceci peut entraîner des problèmes en ce qui concerne l'image du soi intérieur de l'enfant, au cours de ses premières années de vie.

Les enfants Indigo étant libérés de leur karma, leur conscience ne contient aucune donnée relative à une quelconque expéri-ence de vie. C'est donc souvent en souffrant qu'ils apprennent et se rendent compte qu'ils auraient probablement dû écouter les conseils d'adultes. Leur respect pour leurs parents et autres adultes se construit petit à petit, même si les adultes dotés d'une aura des temps anciens ont en général un potentiel spirituel et une conscience moins évolués que les enfants Indigo, qu'ils perçoivent d'ailleurs immédiatement.

Les adultes d'aujourd'hui ne baignent pas tous dans l'énergie des temps anciens. La conscience de nombre d'adultes comporte une énergie Indigo restée inactive ; la structure aurique des temps anciens qui les entoure depuis leur naissance n'est souvent pas alignée à leur véritable identité énergétique.

La mission générale de la plupart des adultes et des enfants Indigo est d'attirer l'attention sur les déséquilibres sociaux et dans leur entourage, d'une façon ou d'une autre. Ils sont souvent très doués pour suggérer que des changements sont nécessaires à la maison et en eux.

L'Aura Indigo et le corps Équilibre

L'aura Indigo comporte le corps physique, le corps Équilibre et le corps spirituel, qui correspond au corps mental supérieur de l'aura de l'âme.

   Le corps Équilibre est de couleur Indigo et comporte trois axes énergétiques puissants, à savoir le chakra du Hara, le chakra du cœur, et l'ajna chakra ou le troisième œil, situé au niveau de la grande pinéale et décrit au chapitre *Les Trois structures auriques*.

La structure indigo du corps Équilibre est à la base du concept de l'*aura Indigo*. Le corps Équilibre apparaît comme une membrane immense de couleur indigo ou violet profond, semblable à une combinaison de plongée avec des étincelles colorées. Le corps Équilibre est relié au corps physique, sans ouverture quelconque ; la présence de cette masse d'étincelles colorées dans l'aura lui permet de constamment changer de couleur et d'expression énergétique, en fonction des humeurs et des besoins.

Le corps Équilibre de l'aura Indigo est à la fois ultra-magnétique et ultra-protecteur. Il relie le corps spirituel, situé un peu plus loin dans l'aura, près de l'intuition, directement au corps physique, afin que l'esprit et le corps puissent communiquer correctement.

La fonction principale du corps Équilibre est d'équilibrer l'enfant. Sa connexion directe simultanée avec l'esprit et le corps signifie qu'il faut peu de chose pour qu'un Indigo traduise ses pensées en actions.

Le corps Équilibre de l'aura Indigo est semi-perméable, laissant l'énergie de l'esprit pénétrer le corps facilement, suscitant ainsi des sentiments forts dans certaines situations. En même temps, le corps transmet facilement ses besoins à la sphère spirituelle, qui a l'intuition de renvoyer des signaux au corps sur la marche à suivre pour répondre aux besoins exprimés.

Ceci signifie que nous sommes entourés d'enfants et d'adolescents très sensibles, reliés à leur corps, leurs pensées et leurs émotions. C'est pour cela que les parents doivent être extrêmement conscients de l'alimentation et de l'environnement psychologique de leurs enfants au quotidien.

Les enfants et jeunes Indigo ont encore plus besoin de nourriture et d'habitudes saines que les personnes évoluant dans l'énergie des temps anciens, tout simplement parce qu'ils sont si sensibles aux influences externes.

Ils souffrent souvent d'allergies et d'eczéma, déclenchés par le moindre déséquilibre dans leur environnement immédiat ; de même, très peu d'Indigos tolèrent la fumée. Ils ont du mal à garder les idées au clair dans un environnement enfumé, qui pollue leur énergie spirituelle. Cela peut paraître absurde, mais il n'empêche qu'il en est ainsi pour la plupart des Indigos.

Les Indigos répondent très bien à presque toutes les modalités de soin naturelles et aux traitements alternatifs.

Le corps Équilibre des Indigos attire des personnes et des circonstances particulières, à travers la puissance de leurs pensées et de leur volonté. De même, le corps Équilibre leur permet de maintenir à distance certaines personnes s'ils le souhaitent.

Bien qu'en règle générale, les Indigos maîtrisent l'établissement de limites, les enfants ne savent pas toujours comment s'y prendre. Ils parviendront à appliquer leur capacité à poser des limites de façon appropriée à force de s'exercer et de vivre leurs expériences.

Les enfants et jeunes Indigo ont de manière générale des relations très ouvertes ; leur entourage peut facilement lire leurs pensées et leurs envies rien qu'en les regardant. Ce qu'ils dégagent dit tout de leur état d'esprit, ce qui explique pourquoi leurs proches ne prennent souvent pas la peine de leur demander comment ils se sentent.

Il est tout aussi facile d'interpréter s'ils ont une opinion négative ou positive sur leurs proches ; ils expriment leurs opinions de façon directe et sans états d'âme, l'honnêteté étant une priorité pour eux.

Les Enfants Cristal

2009 – Naissance d'individus pur Cristal

Tous les enfants nés entre 2009 et 2012-13 sont nés avec une aura totalement cristallisée et un corps Cristal.

Entre 2004 et 2008, tous les enfants sont nés avec un mélange d'auras Indigo et Cristal. Plus leur date de naissance se rapproche de 2009, plus leur aura Cristal est pure et leur corps cristallisé, d'où leur nom d'individus Cristal.

Selon l'éducation que reçoivent ces enfants et l'accent qui est mis sur le développement de la conscience à la maison et/ou dans leur environnement immédiat, l'aura Indigo-Cristal évolue d'elle-même, à son propre rythme, devenant une aura Cristal pur au plus tard à l'âge adulte.

2012-13 – Naissance d'enfants pur Cristal

Tous les enfants nés à partir de 2012-2013 sont de « véritables » enfants Cristal, car leur réseau énergétique est également cristallisé, ce qui a des résonances sur leurs capacités de socialisation.

Sources cosmiques et mimétisme énergétique

L'enfant Cristal est une *source cosmique pure*, formant un *circuit interne totalement fermé*. Leur entourage se reflète en eux, mais ne peut leur prendre leur énergie.

L'enfant Cristal ne fonctionne pas en tant que canal pour les forces cosmiques élevées de la même façon que l'enfant Indigo. L'Indigo canalise toute l'énergie cosmique à travers son aura et son corps, avant de transférer cette énergie aux autres via une séance d'AuraTransformation, un contact physique, une conversation, etc.

Une *source cosmique* est un circuit fermé établi dans le cœur. On ne peut devenir source que si le chakra du cœur est le seul à être activé, c'est-à-dire qu'il est le seul parmi les sept chakras d'origine de l'aura de l'âme des temps anciens dont l'énergie est fortement mobilisée.

Par contraste, l'aura d'enfants Indigo comporte trois chakras – l'ajna chakra, le chakra du cœur et le chakra du Hara, représentant un stade de conscience à mi-chemin entre l'énergie d'âme des temps anciens et la nouvelle énergie Cristal.

Sous des conditions normales, les individus Cristal forment des circuits fermés auto-rechargeables, capables de se charger totalement tant que leur quotidien reste équilibré et paisible.

Les enfants Cristal n'ont souvent besoin que de très peu de temps pour augmenter leur fréquence énergétique s'ils ont baigné dans un environnement à fréquence basse et énergétiquement intense, ou encore s'ils ont côtoyé des personnes ayant essayé de leur voler leur énergie, même si personne ne peut en vérité la prendre.

Il n'est tout simplement *pas* possible de dérober l'énergie d'enfants Cristal. Toutefois, si leur entourage est totalement à plat, il arrive qu'il copie l'expression énergétique de l'enfant – comme si vous utilisiez une photocopieuse pour tout copier en une seule fois – « l'appareillage » de l'enfant Cristal se retrouve alors en surrégime et risque une panne.

Si l'énergie d'un enfant Cristal est à plat, c'est parce que la source cosmique est exténuée par le mimétisme de son entourage. Il conviendra alors de laisser l'enfant se reposer un moment, pour qu'il recharge son énergie.

Si l'enfant a besoin de se recharger vite, il peut contacter ou échanger avec une autre source cosmique, c'est-à-dire en copiant un autre Cristal – son système sera rapidement rechargé, et l'enfant sera vite prêt à retourner dans le monde en pleine possession de son énergie.

L'une des raisons d'être les plus courantes des enfants Cristal est de laisser leurs parents et autres adultes « copier » leur énergie, attitudes et besoins. Les parents en particulier, mais aussi les éducateurs, proches, politiciens, etc. doivent s'engager à transformer la société pour répondre aux besoins futurs, et ce dans un délai raisonnable, pour préparer le moment où les énergies de fréquence élevée des Temps Nouveaux progresseront encore plus sur la Terre.

Malheureusement, l'un des problèmes du mimétisme énergétique est qu'une seule ou quelques copies isolées des qualités de conscience d'enfants Cristal ont rarement lieu au cours d'une journée. Ceci ne serait pas problématique.

Beaucoup d'adultes n'ont pas suffisamment de conscience pour mettre en œuvre les nouvelles énergies Cristal dans leur mental, ce qui explique pourquoi les enfants Cristal finissent par être incessamment copiés par leurs parents et éducateurs, qui se nourrissent de leur énergie, laissant leur système énergétique « à vide » à la suite d'un contact normal avec un adulte.

Durant les phases où les enfants Cristal sont totalement vidés, sans énergie et le système épuisé, ils nécessitent un immense effort de conscience externe pour remettre à niveau leur énergie. Les soins, la réflexologie, la thérapie craniosacrale, etc. sont des façons de les remettre d'aplomb, mais les parents continuent souvent leur mimétisme énergétique pour élargir leur conscience.

De nos jours, les parents ne sont pas les seuls à avoir un contact quotidien avec les enfants. Il est donc essentiel de bien connaître les personnes régulièrement en contact avec vos enfants. Ont-ils un niveau énergétique relativement faible, qui les encouragerait à copier constamment l'enfant sans même s'en rendre compte, ou sont-ils suffisamment stimulés pour contribuer de façon positive à l'expérience de l'enfant ? Bien que les enfants d'aujourd'hui aient une mission de vie claire sur Terre à propos de leurs parents et de leurs aînés, ce n'est pas pour autant qu'ils devraient se retrouver vidés. En suivant la même logique, le travail des parents ne doit pas les exténuer pour autant.

Les enfants Cristal sont une source cosmique pure, mais ils restent des enfants, avec toutes les occasions de relations ouvertes à leur tranche d'âge. Ils doivent apprendre toutes les règles régissant la vie sur la Terre, via les interactions avec leurs parents et éducateurs. Les enfants Cristal sont beaucoup plus sûrs de ce qu'ils *veulent* et *ne veulent* pas que les enfants de générations antérieures, car la vérité est pleinement intégrée dans leur cœur.

La Transition de l'aura Indigo à l'aura Cristal

La différence entre une aura Cristal et une aura Indigo est que l'énergie d'esprit d'enfants Cristal se situe dans le corps, en tant que force vitale évoluée, alors que l'énergie d'esprit des enfants Indigo se situe en-dehors de leur corps, sous forme de rayonnement évolué.

Lorsque l'aura Indigo se transforme en aura Cristal, le corps Équilibre et le corps d'esprit de l'aura Indigo fusionnent en un seul corps énergétique. La couleur et la texture passent d'une force magnétique indigo à une couleur subtile de diamant rose-violet, au rayonnement cristallin et iridescent. Bien que l'aura de Crystal puisse sembler faible et fragile par rapport à l'aura Indigo, sa structure énergétique est en réalité beaucoup plus puissante que celle de l'aura Indigo.

Après le processus de cristallisation de l'aura, le corps se cristallise selon le même schéma, et une grande partie de l'énergie d'esprit, qui se trouvait précédemment en bordure externe de l'aura Indigo, passe à travers l'aura Cristal nouvellement formée afin d'y transmuter l'énergie. Mes deux livres, *The Crystal Human and the Crystallization Process Part I* et *Part II (L'être Cristal et le processus de Cristallisation I + II)*, expliquent ce processus de manière plus approfondie.

L'aura Cristal est illustrée à la page 82 du chapitre *Les Trois structures auriques.*

Caractéristiques des enfants Cristal

L'une des caractéristiques de tous les enfants Indigo est d'avoir des énergies extrêmement limpides, d'être de nature honnête et de rechercher la vérité dans toutes leurs interactions. Ils ne s'embarrassent pas de formulations alambiquées purement pour faire plaisir à leur entourage.

À la différence des Indigos, la structure aurique d'enfants Cristal ne comporte aucune énergie bleue avec pour fonction d'établir des frontières. Ceci n'est pas problématique pour les enfants, car ils sont très conscients de leurs goûts et dégoûts et savent reconnaître le type d'entourage qui leur convient. Ils sont par conséquent intransigeants, quel que soit le contexte. S'ils estiment que personne ne leur convient, ils n'hésiteront jamais à s'isoler du monde extérieur en attendant le bon compagnon ou la bonne compagne.

La famille immédiate et les parents ne doivent pas se montrer complaisants en compagnie d'un enfant Cristal. Ces nouveaux enfants ne s'associent pas volontairement aux personnes de vision étriquée ou aux énergies perturbatrices et/ou avides de contrôle. Si la pression est trop forte et que les adultes prennent une décision allant contre la volonté de l'enfant, vous pouvez être certain que surviendront des symptômes « fébriles », perturbant leur environnement. En son for intérieur, l'enfant Cristal nourrit un feu interne puissant pouvant consommer toute négativité autour de lui.

À un niveau inconscient, l'enfant Cristal est capable de rendre dingue son entourage d'une façon ou d'une autre, sans que l'on puisse détecter qui sème la zizanie. Ces enfants ne veulent pas être limités par leurs parents simplement parce que ceux-ci ne sont pas en mesure de rattraper leur niveau de conscience en pleine croissance, tant à un niveau interne qu'externe. Les enfants nouveaux ne comprennent souvent pas les façons lentes et parfois compliquées que suivent tant d'adultes de structure énergétique des temps anciens. Ils ont par conséquent un besoin impérieux de limites et que les parents soient disposés à expliquer les choses clairement, pour que les enfants puissent comprendre et accepter les usages adultes.

Par analogie, on pourrait dire que les enfants du futur n'utilisent que les raccourcis clavier ; ils n'ont aucune envie d'appliquer les méthodes datant de l'enfance de leurs parents.

La détermination de limites, la cohérence, la responsabilité, la confrontation directe et la vérité sont donc les mots-clés de l'éducation d'un enfant des Temps Nouveaux. Il faudra donc veiller à présenter des explications claires et concises sur les *pourquoi* et *pourquoi pas*, plutôt que sur l'absorption totale du parent dans l'univers de l'enfant ou sur le désir d'assouvir tous les désirs de l'enfant.

Le fait de respecter chaque enfant et de donner des explications simples établira une communication ouverte, leur quête de réponses aux questions petites et grandes se manifestant de façon très concrète. Ils sont également spécifiques dans leur recherche d'affection et d'attentions, pour garantir que leurs besoins seront satisfaits. Tout procède de façon simple et directe, tant que leur entourage est capable de rester au rythme de leurs avancées et de leur compréhension.

Les Enfants de Feu à la volonté pure

Des quatre éléments Terre, Air, Eau et Feu, les enfants Cristal représentent l'énergie du Feu et par assimilation, la volonté pure. Ils sont également passionnés par tout ce qui est bon pour eux. Il leur est d'ailleurs totalement impossible de ne pas éprouver cela.

Ce n'est pas que l'énergie d'esprit qui est de feu – l'esprit étant dans un corps, les enfants Cristal ont une chaleur interne tout aussi élevée. Ils préféreront donc un bain tiède plutôt que chaud et auront tendance à repousser les couvertures même en plein hiver.

La vie d'un enfant Cristal n'est pas rehaussée de nombreuses émotions, car les émotions ne sont en vérité qu'une façon différente d'exprimer un point de vue personnel. L'enfant Cristal est beaucoup plus simple et direct dans sa façon de s'exprimer que ses parents, et communique sa satisfaction ou son mécontentement de façon très évidente. Il n'aime pas faire subir le stress hormonal engendré par une gamme d'émotions intenses à son corps. Il sera tour à tour heureux, en colère, ou triste. Les choses n'ont pas besoin d'être plus compliquées que cela.

Cela dit, l'enfant Cristal veut goûter à toutes les possibilités de relations humaines dont il entend parler, afin de mieux comprendre et mieux communiquer avec les adultes qui l'entourent. Il veut comprendre tout particulièrement ce qui motive le spectacle incessant de réactions adultes.

Les nouveaux enfants sont plus lucides et directs que la majorité des adultes, qui laissent souvent leurs pensées, leurs émotions et leurs actions s'emparer d'eux. Lorsque ces enfants ne veulent pas faire quelque chose, il faut énormément d'arguments raisonnables pour les convaincre qu'ils doivent faire ce qu'on leur dit.

De nombreux adultes catalogueront les enfants Cristal d'extrêmement têtus – et ce n'est pas tout à fait faux – mais il ne s'agit pas d'un entêtement par principe. Le feu spirituel étant constamment vivant dans leurs cœurs, il est impossible de se mentir ou de mentir à leur entourage. Si on essaye de les détourner de leur vérité intérieure, l'énergie d'esprit sera rapidement transformée en un immense feu, risquant de tout détruire au passage.

Les enfants nous sembleront alors infernaux, mais ils représentent en réalité la vérité céleste de la flamme de leur cœur. On ne peut qu'être impressionné par la force de l'énergie d'esprit pur en pleine éruption.

Elle peut être comparée à une éruption volcanique se produisant sur une petite île, où il serait impossible de s'en tirer indemne.

Les pauvres parents d'enfants Cristal des Temps Nouveaux pourraient se retrouver dans des situations blessantes en cas de crise, mais ils sont les parents les plus chanceux du monde lorsque tout se passe harmonieusement et que le niveau de conscience familial est élevé.

Lorsqu'un « foyer Cristal » est totalement équilibré, l'enfant devient une source intarissable d'amour, même lorsqu'il dort ; la présence de ces enfants s'apparente alors au paradis sur Terre. Il règne une cohésion générale qui donne une signification à tout, accompagnée du sentiment d'appartenir à une unité familiale laissant à chacun la liberté d'être un individu autonome.

Les Enfants Cristal et leurs parents

Les Enfants Cristal perçoivent très clairement leur mère et père en tant qu'individus, mais aussi quant au rôle que doivent jouer les enfants dans leur vie. En tant que parent, vous devez garantir que la relation entre papa et maman est à la fois solide et suffisamment affectueuse pour résister aux commentaires très directs de l'enfant concernant la vie familiale et de couple, car rien ne passe jamais inaperçu auprès d'un Cristal !

L'enfant Cristal remarquera absolument toute anomalie dans la relation entre ses parents et chez lui, aussi petite soit-elle. Il ne manquera jamais l'occasion d'articuler chacune de ses observations. Par-dessus tout, la vérité doit sortir, même si cela met sur l'avant-scène la relation

de couple des parents.

___

L'enfant Cristal ne se gênera pas pour remarquer que papa et maman sont mal assortis, si tel est le cas. Si les parents ne s'entendent pas, il vaut mieux qu'ils se séparent. En cas de divorce, cela ne signifie pas automatiquement que l'enfant doit abandonner tout contact avec l'un ou l'autre de ses parents. Dans l'univers interne de l'enfant Cristal, il est relativement facile de séparer le monde de ses parents, si c'est nécessaire.

Si ses parents se séparent, l'enfant Cristal n'aura aucun problème à accepter de nouveaux « parents ». La seule exigence pour ces enfants est que le nouvel adulte ait des qualités humaines positives et peut-être même des qualités que l'enfant souhaiterait intégrer dans sa propre personnalité. Les nouveaux frères et sœurs et autres relations familiales ne sont jamais un problème – les priorités en matière de qualité restent les mêmes pour tous et quel que soit leur rôle vis-à-vis de l'enfant.

L'enfant Cristal fera toujours son maximum pour soutenir les choix de ses parents concernant un nouveau partenaire et les nouvelles relations familiales ou amicales. Il doit simplement sentir que ses parents sont mieux dans leur peau et qu'il n'y a rien de dissimulé ni d'incorrect dans ces relations.

L'enfant Cristal est très ouvert aux changements positifs ayant une influence sur sa vie. Mais il n'hésitera pas à entraver le bonheur de ses parents s'il sent que leur entourage n'est pas « bon » pour eux ou pour lui. Si cette situation se présente, l'enfant arrête toute coopération, créant une situation très désagréable pour tout le monde.

Dire au revoir

Les enfants Cristal sont beaucoup plus concentrés sur leur propre énergie que sur celle de leur entourage. Leur énergie d'esprit étant située dans le corps, elle les accompagne toujours ; une fois qu'ils ont dit au revoir à quelqu'un, ils lui tournent complètement le dos et dirigent leur attention sur les situations et opportunités nouvelles qui se présentent à eux.

Lorsqu'ils sont séparés au cours d'une journée, les enfants Cristal ne laissent jamais par mégarde une partie de leur énergie avec autrui, pas même avec leurs parents.

Ils ne languissent pas après quelqu'un ou quelque chose hors de leur portée, même en sachant qu'ils pourraient ne pas revoir leurs parents ou leurs meilleurs amis avant longtemps.

Les enfants savent s'il vaut la peine ou non de vouloir se trouver ailleurs ; si la possibilité de retrouver cet endroit ou ces personnes est totalement irréalisable, ils comprennent immédiatement qu'il n'y a rien d'autre à faire. Poursuivre ce train de pensée serait alors un gâchis d'énergie ; c'est un mécanisme qu'ils comprennent dès leur plus jeune âge.

Les Enfants Nouveaux et la santé

De nombreuses femmes se sentent mal et ont des vomissements sévères lorsqu'elles attendent un enfant des Temps Nouveaux.

Le nombre de femmes enceintes devant prendre un arrêt maladie et l'intensité de nausées pendant la grossesse est bien plus élevé qu'auparavant.

À un niveau énergétique, tout est réorganisé en elles, car les énergies de ces enfants sont si puissantes et contiennent tant d'informations que la mère a du mal à suivre leur système énergétique, surtout au niveau physique.

Une mère des Temps Nouveaux doit vibrer à une fréquence très élevée pour traverser une grossesse relativement sans embarras.

Lorsque leurs enfants font de l'eczéma, ont des allergies et des fièvres élevées, cela indique généralement que l'énergie des parents est trop inférieure à celle des enfants. Dans ce cas, l'enfant n'est pas accueilli par les énergies de très haute fréquence avec lesquelles il est né ; la maladie peut alors se manifester pour réveiller les parents, afin qu'ils prennent conscience de l'énergie des Temps Nouveaux, qui doit remplacer celle des temps anciens dans laquelle ils ont été élevés.

Pour de nombreux parents de jeunes enfants, un monde entièrement nouveau s'ouvrira avec la maladie de l'enfant, générant de nouvelles façons d'appréhender la vie, et qui résonneront profondément avec leur situation personnelle.

De nombreux enfants Cristal éprouvent des problèmes au niveau des oreilles, car ils sont obligés de diminuer leur spectre énergétique pour communiquer avec leurs parents à leur niveau énergétique. C'est un peu comme s'ils devaient retrouver les fonds marins sans avoir pris en compte les pressions qui existent sous l'eau. Dès que le contact est terminé, le plongeur Cristal remonte automatiquement à la surface pour reprendre sa propre énergie de souffle et d'élément à une fréquence qui lui est plus naturelle.

Un équilibre naturel au niveau de la tête n'est possible qu'au-dessus de l'eau, mais malheureusement, la communication avec le monde se produit généralement en eaux profondes. À moins de vouloir s'isoler, une succession de montées et de descentes sera nécessaire, ce qui aboutira inévitablement à des problèmes d'oreilles et à une sensation instable au niveau de la tête.

Les enfants des Temps Nouveaux auront par moments une température corporelle très élevée sans en réalité être malades.

La chaleur et la hausse périodique de température interne élèvent vite les niveaux énergétiques de l'enfant, chaque fois que son énergie a été excessivement mimée.

De nombreux adultes, et en particulier les personnes âgées, chargent leurs batteries personnelles dans des proportions inimaginables à travers leur contact avec les enfants des Temps Nouveaux, car leurs les énergies sont totalement pures, et représentent la plus récente version de conscience. Sans même en être conscientes, les personnes âgées cherchent souvent à puiser de l'énergie supplémentaire sans utiliser leurs propres ressources, ou à rester jeunes d'esprit par leur simple contact avec ces enfants nouveaux.

Il revient maintenant à la génération plus âgée d'améliorer sa propre qualité de vie et d'assurer un influx permanent d'énergie des Temps Nouveaux dans sa structure énergétique et son aura. Nous y reviendrons aux chapitres *Participez à votre propre développement* et *Nouvelles méthodes de soin pour le développement personnel*, ainsi qu'au chapitre central sur l'*AuraTransformation™*.

Différences entre les enfants Cristal et les enfants Indigo

L'aura d'un enfant Cristal ne semble pas aussi grande que celle d'un enfant Indigo. L'enfant Cristal a toutefois une immense force intérieure et une compréhension des liens entre tous les êtres. Sa force personnelle et sa maîtrise spirituelle sont beaucoup plus fortes que celles d'enfants Indigo.

Les enfants Indigo sont exclusivement associés à leur conscience d'esprit via le corps Équilibre, à travers lequel ils entretiennent une collaboration constante entre l'esprit et le corps, mais ils ne font pas un avec leur esprit comme les enfants Cristal.

En réalité, les qualités du corps Équilibre Indigo sont encore présentes dans l'aura Cristal, mais l'énergie d'esprit ayant fusionné avec le corps Équilibre Indigo, l'apparence et le fonctionnement de l'aura Cristal sont différents.

Les enfants Indigo se servent de leur intuition et de l'énergie d'esprit de leur aura pour sentir si une situation est juste ou non. Les enfants Cristal *savent* si quelque chose est juste ou non, car ils utilisent leur conscience spirituelle à la fois dans leur aura et leur corps pour l'appréhender, il y a donc une sorte de « saisie double » et simultanée.

Pour récapituler : lorsque nous comparons l'aura d'enfants Indigo et Cristal, les énergies de très haute fréquence de l'aura d'enfants Cristal éclaircissent l'aura, par rapport au corps Équilibre d'enfants Indigo. L'aura Cristal est transparente, d'un violet cristallin et iridescent, avec des nuances roses, sans comporter l'énergie protectrice bleue directe du corps Équilibre Indigo.

Les enfants Cristal n'ont pas besoin de protéger leur énergie personnelle du monde, car leur énergie d'esprit est pleinement intégrée à leur corps. Elle ne peut donc pas jouer le rôle d'une vitalité évoluée pour le compte d'autrui. Cela reste vrai même en cas d'interférence physique.

Les agressions physiques d'enfants continuent à avoir lieu, mais heureusement des lois sont en place pour que la société trouve des solutions pour stopper les agresseurs. Les enfants Indigo et surtout les enfants Cristal ont tendance à ne pas se sentir victimes de violences psychologiques sans rejeter la faute sur leurs propres parents, soit directement, soit à travers d'autres adultes.

Dans la perception d'un enfant Cristal, il n'y a aucune distinction entre une violence physique et une violence psychologique, car les deux sont éprouvées de la même façon, à la fois dans l'aura et le corps. À l'avenir, il deviendra de plus en plus apparent que tout est lié. Les adultes auront plus de mal à aborder les énergies puissantes de jeunes enfants Cristal s'ils ne sont pas imprégnés d'intentions honorables à leur égard. L'énergie d'équilibre de très haute fréquence des enfants nouveaux éclaire tout leur entourage ; l'énergie d'adultes aux motivations nuisibles leur apparaitra comme étant fausse, ce qui est d'ailleurs le cas.

Les « vrais » enfants Cristal naîtront dans leur forme la plus pure à partir de 2012, quand tous les enfants arriveront avec une fréquence élevée et une aura et un corps Cristal rayonnant, et avec un réseau cristallin pleinement intégré à leur conscience dès la naissance.

Ceci signifie entre autres que les énergies de ces enfants sont libérées des énergies de leurs parents, surtout de celles de leur mère, et ce à un âge beaucoup plus jeune qu'auparavant. La soi-disant symbiose ou cohésion totale entre parents et enfants de la naissance à la puberté n'a désormais plus lieu d'exister. Auparavant, ce lien incitait beaucoup de jeunes à rompre avec les énergies de leurs parents de façon assez déplacée et brutale, afin de devenir autonomes et créer leur identité en dehors du contexte familial et des énergies parentales.

Les énergies d'enfants Cristal se libèreront de l'aura de leurs parents dès l'âge de 3 ou 4 ans, ce qui est évidemment très tôt par rapport aux relations parent-enfant de générations antérieures. Du point de vue de la conscience pure, l'enfant Cristal est prêt à voler de ses propres ailes dès ce jeune âge, pouvant entraîner de sérieux problèmes avec ses parents s'ils essayent de résister à l'auto-libération de la conscience de leur enfant.

Personne n'a dit qu'être parent serait plus facile. Les parents ne pourront en aucun cas se cacher derrière leurs nombreuses activités quotidiennes familiales ou derrière leurs enfants, au lieu de vivre leur propre vie d'adulte, car les enfants Cristal n'accepteront les conseils et l'enseignement que d'adultes forts qui se respectent et qui vivent pleinement leur vie. Ces enfants préféreront vivre seuls ou être entourés de personnes totalement différentes si tel n'est pas le cas.

Ceci explique probablement pourquoi la plupart des femmes choisiront d'avoir des enfants à un âge plus tardif, et sans doute dans leur quarantaine, ce qui n'est pas tard si on considère que les générations futures vivront de plus en plus longtemps. Il est souhaitable que les hommes et les femmes créent une vie personnelle et vivent leur vie pleinement avant d'accueillir des enfants.

Comme je l'ai dit, à l'avenir, aucun parent ne vivra par procuration à travers ses enfants. S'ils ont fait leurs preuves en tant qu'adultes avant de procréer, ils seront plus à même d'aider leurs enfants à comprendre les conséquences de chaque choix de vie.

Les énergies d'enfants Indigo se libèrent de l'aura parentale aux alentours de 7 ou 8 ans, c'est-à-dire en commençant l'école primaire. À cet âge, ils participent à des activités parascolaires et créent un cercle de connaissances indépendant de celui de leurs parents.

La plupart des enfants Indigo dont l'énergie personnelle est libérée des énergies parentales ont souvent un immense désir d'aider autrui. Ils le veulent, mais surtout, ils ne peuvent s'en empêcher. Ils recherchent aussi la reconnaissance de leur entourage, et en particulier celle d'adultes. Il semblera beaucoup plus juste d'être proclamé comme étant des enfants prodiges s'ils sentent qu'ils ont mérité cette distinction par leurs bonnes actions.

Chaque enfant Indigo a en lui un ange salvateur, mais aussi un démon malfaisant qui focalise l'attention sur lui de façon totalement inappropriée, lorsque l'enfant est de mauvaise humeur.

Les enfants Cristal n'ont pas le même besoin inné ni la même volonté que les enfants Indigo. Mais ils savent toujours détecter que leurs proches ont vraiment besoin d'eux, tout en n'agissant que lorsque cela leur semble juste.

Les enfants Cristal n'ont pas ce besoin sous-jacent de sauver le monde qu'ont les enfants Indigo. Lorsque leurs proches ont besoin d'aide, ils doivent prendre l'initiative de faire appel à eux, car les enfants Cristal ne proposeront jamais leur aide sans y avoir été invités.

Les Enfants transitionnels

L'expression *enfants transitionnels* est utilisée pour désigner les jeunes et adultes nés entre 1987 et 1994, lorsque certains éléments de l'énergie Indigo ont commencé à être plus intégrés dans l'aura de nouveau-nés avec une structure aurique des temps anciens. Des variantes existent selon que ces enfants sont nés entre 1992 et 1994 ou entre 1987 et 1991 :

1992-94

Entre 1992 et la fin de 1994, tous les enfants sont nés avec une aura « mixte », caractérisée par beaucoup d'énergie Indigo et moins d'énergie d'âme.

Ces enfants, devenus jeunes adultes, maîtrisent la puissance de matérialisation typique des Temps Nouveaux, mais ne sont pas pleinement protégés. Il leur manque en outre la capacité à poser des limites raisonnables, que ce soit pour eux ou par rapport à leur entourage. Ils auront donc du mal à trouver un équilibre interne.

Les jeunes nés pendant cette période ont tendance à être très sûrs d'eux et directs avec leur entourage, mais ne sont pas suffisamment forts pour récupérer ce qu'ils émettent. Ce type de comportement peut entraîner une détresse mentale aiguë, tant en eux que dans leur entourage, incitant leurs parents à prendre des gants pour leur parler, pour ne pas outrepasser leurs bornes invisibles.

À l'inverse, les parents auront parfois l'impression d'avoir été bernés par ces mêmes jeunes « vulnérables », qui ne manqueront pas d'exploiter leur gentillesse dès qu'ils le peuvent, s'ils sentent qu'ils pourraient prendre le dessus. Cette tendance se poursuit généralement dans la vie adulte de l'enfant si les parents ne font rien pour la dompter.

Malheureusement, ces importantes fluctuations émotionnelles leur donneront de nombreuses occasions de montrer à leur entourage que leurs parents ont eu tort, quels que soient les efforts sincères des parents pour comprendre leur esprit troublé.

Lorsque l'équilibre interne fait défaut à ces enfants et jeunes, ils le font rapidement sentir, créant des déséquilibres externes qui devront être maîtrisés par le ou les parents.

1987-91

Les enfants nés entre l'été 1987 et la fin de l'année 1991, ainsi que certains nés au milieu des années 80, ont tous une aura mixte, caractérisée par une petite portion d'énergie Indigo et une plus grande proportion d'énergie d'âme.

Pour eux, le choix entre adhérer à un chemin convenu, être soignés et bien élevés, ou se rebeller et suivre leur propre chemin sera plus difficile. Leur protection contre le monde n'est pas très développée et ils finissent souvent par adopter les idéaux ou façons de faire de leurs parents ou autres modèles adultes, même si en leur for intérieur, ils auraient très envie de faire autrement.

Ces jeunes sont en apparence très calmes et heureux, surtout aux yeux de leurs parents, mais ils sont souvent indécis, et l'expérience montre que dotés d'une aura Cristal, dont le processus est expliqué aux chapitres *Nouvelles méthodes de soin pour le développement personnel* et *AuraTransformation™*, leur vie peut vraiment décoller. En très peu de temps, une personnalité totalement nouvelle et plus affirmée prendra la place de l'ancien tempérament, au grand étonnement de leur entourage.

Une règle d'or que leurs parents ne doivent pas oublier pendant la transition énergétique est que ces jeunes adoptent très tôt des comportements adultes, sans toutefois être prêts à s'assumer ou à être pleinement responsables de leur vie. Les parents veilleront donc à ne pas les laisser sans surveillance trop tôt, même lorsqu'ils auront quitté le domicile parental.

Cette règle parentale s'applique en général à tous les enfants des Temps Nouveaux – ce n'est pas une bonne idée de laisser les enfants décider l'heure de leur coucher, car l'influx d'énergie à haute fréquence de leur aura les empêche souvent de pouvoir déterminer quand la journée se termine et quand il est temps de se coucher.

Les enfants et jeunes des Temps Nouveaux n'ont pas de mal à rester actifs après minuit, mais cela signifie aussi qu'ils rattraperont leur sommeil le lendemain matin – il est assez courant de les voir étalés sur leur bureau à l'école, au grand mécontentement de leurs professeurs.

Ces jeunes sont souvent dépourvus d'esprit critique quant à ce qu'ils regardent sur leur ordinateur ou à la télévision, ou en ce qui concerne le temps qu'ils y passent. Là encore, il est conseillé aux parents de continuer à les conseiller et les guider.

Expansion de la conscience

L'Influx de nouvelles énergies

L'influx de nouvelles énergies sur Terre aide les gens à se fier davantage à leur propre intuition et à leurs sentiments concernant les liens entre les choses, qu'elles soient visibles ou invisibles, car nous avons tous les réponses à tout en nous. Il s'agit tout « simplement » de puiser en nous pour trouver ces réponses. Ceci peut bien sûr s'avérer problématique en cas d'impressions personnelles et d'histoires négatives, qui bloqueront ce chemin. Nous sommes tous influencés par notre passé et notre éducation et nous voyons par conséquent le monde à travers des verres teintés par ces informations.

Si vous souhaitez des réponses à une question spécifique, vous devrez les chercher en vous-même ou auprès de personnes alignées à vos énergies. Plus vous vous réconcilierez avec l'expression personnelle de quelqu'un, moins vous éprouverez une résistance intérieure aux réponses qu'on apportera à vos questions.

Nous savons toujours ce qui nous convient, même si nous sommes souvent notre pire ennemi lorsque la réponse est claire et qu'il est temps de l'appliquer à notre vie. Nous préférons souvent faire la sourde oreille, ou nous dire que ce n'est pas le bon moment pour mettre en pratique la vérité au quotidien.

Outre la question du moment opportun, les nouvelles énergies à haute fréquence peuvent aussi activer les désirs individuels et la volonté d'assumer la responsabilité pour notre vie. En osant être responsable de votre vie, vous serez en général plus enclin à rechercher les bonnes réponses lorsqu'un problème surgira.

Pourquoi faire traîner les choses, alors que vous pourriez obtenir une réponse honnête et immédiate avec le potentiel de se traduire en action concrète ?

Assumer la responsabilité de notre vie, accepter d'avoir recours à notre intuition pour parvenir à la vérité tout de suite, sont les concepts clés qui nourrissent des énergies de très haute fréquence sur Terre actuellement. Il suffit de regarder les enfants d'aujourd'hui et la façon dont ils traduisent leurs impulsions spirituelles en actions, souvent au grand émerveillement de leurs parents. Mais où ces enfants puisent-ils donc ces qualités ? Comment les enfants et jeunes d'aujourd'hui sont-ils en mesure de gérer et d'accepter tant de choses intenses, telles que le divorce, la mort et les crises personnelles sans pour autant s'effondrer ? Tant d'adultes seraient brisés dans de pareilles situations. Les enfants ne sont pas suffisamment âgés pour comprendre ou s'identifier au fait que leur monde est en train de s'écrouler – ou le sont-ils ?

L'influx d'énergie des Temps Nouveaux a pour effet que lorsqu'ils se trouvent dans une situation stressante, les enfants et jeunes d'aujourd'hui doivent souvent se comporter de façon beaucoup plus adulte et réaliste que leurs parents. Comment cela se fait-il ? Ces enfants savent intuitivement si les choses sont correctement alignées ou non, quelle que soit la situation, et doivent suivre leur vérité intérieure plutôt que celle enseignée par les adultes, à moins que ces deux vérités ne coïncident.

Les enfants d'aujourd'hui n'éprouvent aucune joie à voir leurs parents rester ensemble s'ils ne s'apprécient pas profondément et ne rayonnent pas leur amour lorsqu'ils sont ensemble. En cas de situation peu optimale, que les enfants perçoivent bien plus qu'on ne le croit, un divorce sera de loin préférable, même si un déménagement ou le fait d'avoir à se refaire des amis peuvent être difficiles.

Les enfants seront très tristes au moment du divorce, mais ils exprimeront toute leur joie et leur confiance dès que leurs parents auront retrouvé la sérénité dans leur nouveau contexte de vie.

Les enfants des Temps Nouveaux ne seront pas aussi dupes que leurs parents pour croire qu'une situation est plus optimale qu'elle ne l'est en réalité. Il est toujours préférable de changer une situation, même lorsque les changements sont difficiles et créent des incertitudes. Cela jettera les bases d'une exploration totalement nouvelle du monde. Nous ne devons pas sous-estimer la valeur que ces changements peuvent apporter à nos enfants.

Les enfants des Temps Nouveaux sont créatifs et pensent constamment à de nouvelles possibilités et façons de faire ; ils seront tout à fait en mesure de traverser une gamme de joies, peines et crises existentielles. À l'avenir, de nombreuses choses iront beaucoup plus vite qu'auparavant, car les enfants Cristal et Indigo encourageront leurs parents à utiliser tous les raccourcis à leur disposition – telle est leur mission de vie générale. Inévitablement, le tempo de la société sera accéléré.

À l'avenir, les personnes qui s'épuisent physiquement ou mentalement ne seront plus récompensées, à moins d'être motivées par quelque chose qu'ils désirent profondément et d'être à l'aise. Le fait de se donner trop de mal ou de prendre une route plus longue que nécessaire pour atteindre un objectif sera une chose du passé ; les enfants d'aujourd'hui et les adultes de demain auront même du mal à appréhender ou à s'identifier à ce type de situation.

À vous de contribuer à votre développement

Les milieux spirituels avaient depuis longtemps perçu qu'aux alentours de l'an 2000, la Terre entrerait dans les Temps Nouveaux, mais très peu de personnes ont compris que l'avènement d'une nouvelle conscience sur la Terre exigerait un effort concret de la part de chaque adulte.

Beaucoup crurent qu'à l'heure des Temps Nouveaux, il suffirait de cultiver des *pensées positives* et une *vie saine* ; malheureusement, ceci n'est pas toujours suffisant. Bien sûr, avoir des pensées positives et vivre sainement sont des démarches positives, mais il s'agit aujourd'hui de réorienter la conscience globale de la plupart des adultes. L'énergie des Temps Nouveaux ne concerne pas que les enfants.

Du point de vue de la conscience, l'énergie des Temps Nouveaux représente un influx totalement différent d'énergie vers notre planète ; cette énergie est plus dynamique et orientée sur l'amour que celle à laquelle nous étions habitués. Cet influx a une incidence sur tous les habitants de la Terre et a commencé au milieu des années 80, bien avant le changement de siècle.

L'énergie des Temps Nouveaux est arrivée sur la Terre, d'elle-même, mais ce n'est pas pour autant qu'elle se glissera dans nos systèmes énergétiques.

Cette énergie nous permettra d'intégrer de nouvelles valeurs dans notre vie, chacun à son propre rythme et donnera lieu à de nouvelles façons de vivre. Pour que les valeurs des Temps Nouveaux génèrent une force de pénétration suffisante à travers l'ensemble de la population terrestre, il faudra d'abord radicalement augmenter la fréquence de la Terre et de sa population, de façon à s'aligner à ce nouvel influx énergétique. Ceci ne se produira cependant pas tout seul, contrairement à ce que beaucoup pensent et espèrent. Une force de manifestation externe, sous la forme d'un thérapeute, doit ancrer l'énergie de la nouvelle aura dans le corps.

L'énergie de l'âme des temps anciens, régie par le karma, doit laisser la place à l'énergie d'esprit libre et non structuré des Temps Nouveaux, pour que les adultes intègrent pleinement les normes et les valeurs de l'énergie Indigo ou Cristal dans leur conscience et équilibrent par ce fait leurs personnalités interne et externe.

Seuls les enfants Indigo et Cristal n'auront pas besoin de modifier les valeurs et normes de leur système de conscience, car ils sont nés en ayant la structure d'aura des Temps Nouveaux pleinement intégrée dès la naissance.

Les énergies Indigo et Cristal des Temps Nouveaux n'apparaissent pas d'elles-mêmes. Elle doit être choisie en conscience. Par conséquent, aucun adulte doté de la structure aurique des temps anciens ne se réveillera un matin totalement transformé en un être pur Indigo ou Cristal. Il est tout simplement impossible de matérialiser la structure aurique des Temps Nouveaux seul de façon à ce qu'elle enveloppe le corps définitivement.

Les personnes ayant une aura de l'âme pourront très bien attirer l'énergie Indigo et Cristal par elles-mêmes, mais elles *ne pourront pas* maintenir cette énergie dans leur aura de façon définitive sans concentrer toute leur attention dessus, ce qui détournerait naturellement leur attention des autres domaines importants de leur vie.

Une force de matérialisation dont l'énergie est elle-même bien ancrée *doit* agir de l'extérieur pour être en mesure de relier l'énergie d'esprit au corps, via le corps équilibré Indigo ou l'aura cristallisée.

Si vous essayez de passer directement de la structure d'aura de l'âme à une aura Cristal sans que votre corps soit protégé par votre aura pendant la période de transition – car l'aura de l'âme ne peut pas se transformer en aura Indigo toute seule sans disparaître totalement – vous risquez de mourir au sens métaphorique, et vous ne manquerez pas d'être physiquement malade et psychologiquement vulnérable. En effet, si une personne dotée d'une aura de l'âme invite directement l'énergie de l'esprit à pénétrer son corps sans y être préparée, elle mourra. Il s'agira non seulement de la mort de leur conscience, mais aussi de celle du corps : ces personnes deviendront extrêmement faibles et se sentiront au bord de de la mort.

Il ne faut donc pas plaisanter avec l'Énergie des Temps Nouveaux, ni essayer de l'intégrer par simple curiosité.

Si vous souhaitez élargir votre conscience, de l'aide est heureusement à votre disposition, grâce aux techniques d'expansion de la conscience et aux modalités de soin.

Les adultes d'aujourd'hui doivent canaliser leurs pensées et émettre leur désir d'être aidés dans l'intégration de ces nouvelles énergies dans leur conscience. Ils recevront peu de temps après et de façon « soudaine » des informations sur les nouvelles méthodes de soin, car elles auront elles-mêmes attiré ces informations. Ce sera ensuite à eux d'agir.

Chaque adulte doit ainsi décider à titre individuel d'assumer ou non la responsabilité de sa capacité à transformer sa structure aurique et sa conscience. Personne d'autre *ne peut* ni *ne doit* prendre cette responsabilité.

Nouvelles méthodes de soin pour le développement personnel

Comme indiqué plus haut, l'énergie des Temps Nouveaux ne concerne pas que les enfants. Elle est disponible pour le présent et l'avenir de tous. Tant d'adultes ont cependant du mal à accepter que leurs énergies personnelles ne sont plus alignées à leur époque. Souvent, les adultes sont actifs, doués et comblés par leurs occupations professionnelles, et il peut être assez frustrant de se voir dépasser par des enfants, petits et grands, capables de maîtriser un ordinateur comme s'ils étaient nés avec un manuel intégré.

Concrètement, il n'y a rien que vous puissiez faire dans cette situation, à part peut-être prendre quelques cours d'informatique ! Bien sûr, les nouveaux enfants sont équipés de toutes les dernières connaissances en matière de conscience, et ce dès leur naissance. Ces connaissances deviennent petit à petit accessibles aux adultes, à mesure qu'elles émergent dans la conscience collective de la Terre, à laquelle nous appartenons tous en tant qu'habitants de cette planète. Les adultes peuvent à tout moment changer leur conscience, s'ils le souhaitent vraiment, afin d'être en accord avec les énergies de ces enfants.

Il existe aujourd'hui diverses méthodes nouvelles de transformation et de soin pouvant contribuer à l'expansion de la conscience corporelle et spirituelle des adultes et pleinement intégrer l'énergie Cristal des Temps Nouveaux dans leur structure aurique. Les adultes d'aujourd'hui passent surtout vers l'énergie Cristal, via leur conscience spirituelle.

Les techniques dont j'ai entendu parler autour du monde sont : la magnétisation Kryéon, l'activation de l'ADN et l'Aura-Transformation™, que j'ai développée et ai participé à propager en Scandinavie et ailleurs. J'ai aussi pris connaissance de l'harmonisation du champ électromagnétique (ou harmonisation EMF), du Processus de réencodage de l'ADN et des Clés multidimensionnelles de la compassion.

Dans ce livre, je me limiterai à exposer les effets d'une Aura-Transformation™, dans la mesure où j'ai lancé cette technique et ai donc une connaissance approfondie quant à son impact.

Quel est le bon moment pour transformer sa conscience ?

Je n'ai parlé que de la nécessité pour la conscience d'un adulte de transformer sa structure aurique pour mieux gérer ses enfants et le monde en fluctuation.

Il arrive aussi que certains adultes ne soient pas très doués pour reconnaître leurs propres besoins internes et/ou liés à leur conscience. Leur corps n'hésite alors pas à leur signaler que leur système est défaillant. Il est plutôt facile de déterminer un trouble physique. Il s'agit ensuite de déterminer la solution qui régulera les déséquilibres que les médecins ont souvent du mal à expliquer.

Voici une liste de symptômes physiques souvent liés aux besoins cachés de la conscience et de l'aura ayant besoin d'être élargis :

- Sensibilité à la lumière, yeux rouges ou qui brûlent

- Essoufflement et symptômes de type asthmatique

- Symptômes grippaux avec douleurs générales, aux articulations et dans les os, associés à de la fièvre, inefficacité d'antibiotiques

- Éruptions cutanées accompagnées de démangeaisons, apparition soudaine d'allergies et de rhume des foins

- Nez qui coule et éternuements en passant du chaud au froid et vice-versa

- Maux de gorge sans atteinte virale ou bactérienne

- Bourdonnement des oreilles et acouphènes

- Vertiges, fatigue arrivant subitement

- Troubles du sommeil et/ou besoin de dormir plus

que d'habitude ; sommeil ne se régulant pas correctement

- Maux de tête migraineux non soulagés pas des analgésiques

Les Soins

Les soins ne sont pas un concept abstrait, comme le pensent beaucoup de gens. Un soin consiste à faire un travail énergétique par le biais de pensées, d'images et de désirs, etc. visant à influencer une personne, un sentiment ou autre, pour les faire évoluer vers une direction donnée. À travers son travail énergétique et ses soins, le thérapeute cherche à déclencher un processus d'auto-harmonisation du système énergétique de son client, soit en réorganisant les énergies existantes, soit en retirant ou en ajoutant des énergies extérieures.

L'association de soins, d'énergie et d'équilibre au système énergétique peut se produire de plusieurs façons, que ce soit mentalement, émotionnellement ou au niveau physique.

On pourra par exemple ressentir une joie intense rien qu'en contemplant la couleur d'une pièce ou en respirant le parfum de fleurs sauvages dans un champ. De même, vous apprécierez que votre bien aimé vous caresse le dos. Quelles que soient les méthodes, les effets sont les mêmes. Nous sommes presque tous en mesure de nous guérir et d'apaiser notre corps, nos pensées et notre esprit ; il suffit de trouver ce qui est relaxant. C'est le même principe que lorsque l'on cherche un moyen de calmer un bébé qui pleure. Le bébé peut avoir faim ou être fatigué, ou peut-être a-t-il juste besoin d'un peu d'attention, de soins, de votre toucher ou votre présence. Ces besoins seront naturellement comblés par la personne qui s'en occupe. Tant d'adultes oublient toutefois de prendre soin d'eux-mêmes.

Beaucoup de personnes associent les soins avec un thérapeute alternatif pouvant apporter de l'énergie et des ressources supplémentaires au corps et à l'esprit de l'extérieur. C'est d'ailleurs l'un des effets d'une AuraTransformation™.

L'AuraTransformation™ : plus qu'un simple soin

L'expression « traitement alternatif » englobe un large spectre d'activités variées, toutes ayant en commun le fait que le corps ou l'esprit est encouragé à retrouver l'équilibre naturellement. Les traitements alternatifs nous apprennent à influencer l'énergie vitale que nous avons en nous, dans le but de guérir notre esprit et notre corps de l'intérieur.

En Occident, le monde des traitements alternatifs a presque toujours été en contradiction totale par rapport à ce que représente le monde médical établi. L'important clivage entre ces systèmes de pensée à l'origine conflictuels est devenu moins rigide pour ce qui est des différentes modalités de soutien disponibles et des conditions permettant d'en bénéficier.

L'AuraTransformation™ appartient à la catégorie de thérapies alternatives, bien qu'elle ne soit pas encore enregistrée en tant que traitement alternatif. L'Aura Mediator™, nom donné à ce type de thérapeute, équilibre et renforce les capacités physiques, émotionnelles et mentales du client via un travail énergétique. Le client se sent mieux dans sa peau, dans sa vie et son corps. L'AuraTransformation™ ne peut toutefois pas être comparée aux autres formes de soin alternatif, dans la mesure où le praticien vise habituellement à réparer l'aura existante si elle a été détruite ou abîmée. L'AuraTransformation™ est plutôt une transformation permanente de l'aura et du rayonnement personnel ; l'aura est transmutée de façon à trouver un équilibre parfait entre le corps et la conscience.

Après une AuraTransformation™, vos besoins en matière de soutien énergétique dans les modalités de traitements alternatifs seront limités aux thérapies faisant participer le corps physique de façon très concrète, à savoir le massage, l'acupuncture, la réflexologie, le Body-sds®, la thérapie craniosacrale, etc. À la suite d'une AuraTransformation™, lorsque vous vous allongerez et vous détendrez complètement pendant une demi-heure, vous vous rechargerez intérieurement et extérieurement plus profondément que lorsque vous aviez l'aura ancienne.

L'AuraTransformation™

Qu'est-ce que l'AuraTransformation™ ?

L'AuraTransformation™ est une transformation permanente de l'aura et du rayonnement personnels. L'AuraTransformation™ remplace l'ancienne aura avec laquelle tout le monde est né par une nouvelle aura. Celle-ci est totalement actualisée et harmonisée avec l'énergie des Temps Nouveaux qui a été pleinement activée aux alentours du tournant du siècle.

Une AuraTransformation™ entraînera de nombreux avantages à un niveau personnel.

En bref, l'AuraTransformation™ relie votre intuition à vos capacités décisionnelles et perfectionne votre charisme et votre rayonnement personnels ainsi que vos pouvoirs de manifestation. Cela se fait en éliminant (en dissolvant) les anciens corps énergétiques – le corps éthérique, le corps astral et le corps mental inférieur – de l'ancienne aura, également appelée l'aura de l'âme. L'énergie de ces corps énergétiques se transforme en un corps Équilibre perfectionné, tel que décrit au chapitre *Les Enfants Indigo*, ou parfois en une aura encore plus puissante, tel que décrite au chapitre *Les Enfants Cristal* de ce livre.

Une AuraTransformation™ s'effectue par l'intermédiaire d'un Aura Mediator™, un(e) thérapeute qui maintient un équilibre intérieur puissant et ayant la capacité à la fois de dématérialiser (dissoudre) et de matérialiser (augmenter) l'énergie contenue dans l'aura.

Un Aura Mediator™ procède à un « équilibrage énergétique » ; à travers l'AuraTransformation™, l'Aura Mediator™ ancre l'équilibre si profondément dans le système du client que celui-ci ne pourra plus percevoir le monde et ce qui l'entoure comme étant noir ou blanc, ou lumineux et sombre. Les clients reçoivent et atteignent un équilibre dans leur champ énergétique, c'est-à-dire dans leur aura et leur rayonnement, ainsi qu'un équilibre intérieur profond qui ne peut être exprimé verbalement. Cet état d'équilibre doit tout simplement être ressenti !

En choisissant un Aura Mediator™, il est important de vous fier à votre intuition pour trouver la personne qui semble vous correspondre le mieux. Vous percevrez toujours de petits indices qui vous signaleront si vous devez choisir tel Aura Mediator™ ou tel autre – le choix sera très clair.

L'AuraTransformation™ est une méthode de transformation de la conscience qui active intensément l'influx d'énergie des Temps Nouveaux, de sorte qu'il n'existe plus qu'un petit pas entre une pensée et une action. Il ne s'agit absolument pas de quelque chose à essayer si vous n'êtes motivé que par votre curiosité. Une AuraTransformation™ est une expansion radicale et permanente de votre conscience et de votre rayonnement ; une fois qu'elle a été déclenchée, vous ne pourrez retourner en arrière.

Si vous avez été aura-transformé et sentez que c'est une erreur, que vous n'êtes pas prêt à vivre dans ces nouvelles énergies de haute fréquence, vous ne manquerez pas d'éprouver des problèmes dans votre vie personnelle. Vous devez vous sentir prêt à assumer vos pouvoirs et avoir la volonté de prendre votre vie entre vos mains.

À la suite d'une AuraTransformation™, vous commencerez sérieusement à utiliser tous les raccourcis de votre clavier ; c'est vous qui écrirez l'histoire de votre vie. Aucun nègre littéraire n'aura été embauché pour écrire votre biographie pendant que vous vivez votre vie. Personne d'autre ne peut faire le chemin pour vous dans les Temps Nouveaux. Tout repose toujours sur les efforts que vous fournissez dans votre vie.

Après une AuraTransformation™, en raison de sa vibration beaucoup plus rapide, il arrive que le corps ait du mal à s'adapter au tempo de fréquence élevée que la conscience d'esprit contrôle entièrement. C'est particulièrement vrai pour les adultes et les adolescents qui ont été exposés à des pressions physiques, émotionnelles ou psychologiques intenses.

Dans de tels cas, nous recommandons que l'AuraTransformation™ soit soutenue par ou accompagnée d'une thérapie corporelle et de relaxation.

Pour résumer, une AuraTransformation™ entraîne :

- L'intégration de l'aura Cristal, bien que certaines personnes conservent l'intégration de l'aura Indigo
- L'accélération du développement personnel
- Une intuition et une vision d'ensemble plus développées
- L'intuition et la capacité décisionnelle commencent à travailler ensemble, amenant un meilleur esprit d'initiative
- Une intensité plus soutenue autour de vos activités et dans la passion que vous portez à vos idéaux fondamentaux
- L'augmentation de votre rayonnement et de votre pouvoir de manifestation personnelle
- Moins de réactivité par rapport à la résistance, ou aux opinions et visions fortes de votre entourage
- Une endurance plus importante
- Une paix intérieure, une estime et une confiance en soi développées
- Vous serez plus enclin à être fidèle à vous-même

et à respecter vos besoins

- Prise de conscience accrue de vos besoins mentaux, émotionnels et physiques entraînant une définition de soi plus fouillée et une meilleure capacité à vous dépasser et à établir des limites personnelles et par rapport aux autres

- Joie de vie plus intense et refus d'être dicté par les arrière-pensées d'autrui

- Disparition de la tendance à tout donner sans recevoir quelque chose en retour (chacun y gagnant)

- Plus de facilité à se montrer ouvert, sans rester mentalement sur ses gardes

- Propension plus forte à vivre dans l'instant, spontanéité plus vive, moins de planifications rigides.

- Votre entourage ressent plus fortement vos positions personnelles, sans que vous ayez à les énoncer

- Libération d'anciens karmas ; l'attention est désormais portée sur le dharma, la raison d'être personnelle

Dans certains cas, une AuraTransformation™ devra être suivie par quelques séances supplémentaires pour rééquilibrer les énergies. Il se peut que la conscience spirituelle se soit mise à travailler en vitesse surmultipliée dans l'aura et le corps pour accorder leurs énergies plus rapidement. Cela peut être particulièrement éprouvant si votre vie est bien remplie.

Vous n'êtes pas obligé de rechercher l'apaisement à la suite d'une AuraTransformation™ pour assurer un résultat positif du point de vue de l'expansion de votre conscience, mais il est conseillé de prendre un temps de réflexion et d'équilibrage personnel de temps à autre, pour trouver vos propres vérités intérieures et les mettre en pratique.

À la suite de leur AuraTransformation™, de nombreuses personnes sont souvent étonnées lorsque des voyants ou autres personnes pouvant lire le corps astral dans l'aura de l'âme, n'arrivent pas à détecter ce changement radical dans leur aura et leur conscience. Les personnes fonctionnant avec une aura et une conscience des temps anciens ne sont pas toujours en mesure d'aller au plus profond de la conscience, mais les médiums dotés d'une énergie de l'esprit parviendront toujours à s'orienter dans ce système.

Un clairvoyant astral voit et lit l'aura d'un client en fonction de sa propre vision.

Si vous continuez à avoir l'impression d'être sous l'emprise du karma à la suite de votre AuraTransformation™, ce qui arrive parfois, c'est parce que les thèmes de votre karma se répètent dans votre dharma, dans la réalisation de votre raison d'être personnelle.

Il se peut que vous ne considériez pas cela comme étant positif, mais notre vie suit toujours une logique.

Il se peut que votre dharma et votre raison d'être soient d'enseigner aux autres les leçons que vous avez apprises, vous incitant à partager votre expérience personnelle, comme une forme d'épanouissement personnel.

Les personnes qui traversent des épreuves ont plus de facilités à suivre les conseils et l'aide de personnes ayant également connu des difficultés. Les personnes bien formées et bien intentionnées motivées par la volonté d'aider ne sont souvent d'aucun secours si elles n'ont aucune expérience personnelle de ce type de situation. Voilà pourquoi tout désir d'aide doit avant tout être fondé sur une vie qui pourra être un soutien aux autres.

Qui peut bénéficier d'une AuraTransformation™ ?

Presque tous les adultes qui se sentent limités d'une façon ou d'une autre bénéficieront d'une AuraTransformation™. Une AuraTransformation™ ne peut toutefois guérir les maladies mentales ou les déséquilibres de l'esprit à long terme, même si elle peut en soulager les symptômes.

Si vous vous sentez limité par des influences négatives de votre situation, une AuraTransformation™ vous aidera à la transformer. Une AuraTransformation™ ne résout ni n'élimine tous les problèmes, mais en intégrant un moteur puissant dans votre système énergétique, il devient plus facile de conjurer les personnes et/ou les situations inappropriées, problématiques ou perturbatrices. Des limites plus définies s'établissement naturellement entre les gens ; soit vous vous appréciez et souhaitez ce qu'il y a de mieux pour eux, soit il n'y a tout simplement rien d'autre à tirer de la relation.

Si vous souhaitez que vos soins corporels aient des effets plus durables, une AuraTransformation™ sera idéale. La nouvelle aura que vous recevez à la suite d'une AuraTransformation™ vous permet de retenir toute l'énergie et les ressources que vous obtenez via les soins corporels ou de la conscience. Il arrivait souvent que l'énergie apportée par un soin, un massage ou autre traitement se mette rapidement à fuir, en raison de stress, mais cela ne sera plus possible après une AuraTransformation™. L'énergie ne pourra disparaître que si vous le souhaitez.

Personnes nées avant 1987

Toutes ces générations bénéficieront énormément d'une AuraTransformation™. Tout le monde n'est pas forcément prêt à abandonner l'énergie de l'âme ni à reconnaître son pouvoir et son énergie intérieurs.

Les effets d'une AuraTransformation™ chez les personnes plus âgées peuvent s'avérer quelque peu limités, puisqu'elles n'éprouvent naturellement pas le besoin d'exprimer beaucoup d'assurance dans leur vie.

Jeunes et adultes nés entre 1987 et 1991

Ces jeunes et ces adultes bénéficieront énormément d'un réajustement aurique ou d'une « mini » AuraTransformation™. Ils seront alors en mesure de trouver leur place dans leurs systèmes énergétiques et de rendre visible leur potentiel personnel.

Jeunes nés entre 1992 et 1994

Ces jeunes sont nés dotés d'une prédominance d'énergie Indigo et de moins d'énergie de l'âme ; ceci leur confère une grande force personnelle de manifestation, même s'il leur manque la protection et la capacité à poser des limites pour eux-mêmes et leur entourage. Ils n'ont pas besoin d'une AuraTransformation™ complète, mais d'un ajustement aurique.

Enfants et jeunes nés entre 1995 et 2003

Ces enfants naissent avec une aura Indigo pure et n'ont aucunement besoin d'une AuraTransformation™. Leurs parents et autres personnes s'occupant d'eux leur rendront toutefois le plus grand service en se prêtant à une aura-transformation. De même, des équilibrages périodiques ou le fait de côtoyer un Indigo ou un Cristal en conscience leur feront le plus grand bien, et accéléreront le processus de cristallisation dans l'aura et le corps.

Enfants nés entre 2004 et 2008

Ces enfants sont venus dans le monde avec un mélange d'aura Indigo et Cristal. Plus leur naissance se rapproche de 2009, plus leur aura Cristal sera pure et plus leur corps sera cristallisé. Ils n'auront par conséquent pas besoin d'AuraTransformation™. En fonction de l'éducation des enfants et de l'importance que prend le développement de la conscience chez eux et dans leur environnement immédiat, l'aura Indigo-Cristal évoluera d'elle-même à son propre rythme, pour devenir une aura Cristal pur.

Ces enfants bénéficieront grandement de soins de leur corps physique, qui les aideront à soutenir leur processus de cristallisation. La compagnie d'autres personnes baignant dans une énergie Cristal sera tout aussi bénéfique. Il convient de toujours privilégier la transmutation des parents, qui peut se produire entre autres via une AuraTransformation™, pour qu'ils puissent mieux soutenir le processus de cristallisation de leurs enfants et leur permettre de devenir des individus de « pur » Cristal, puis des personnes de « pur » Cristal. *(Note 1)*

1. *Note de la traductrice : L'AuraTransformation™ distingue l'individu de l'humain (personnes au pluriel). L'individu peut appartenir ou se séparer de son groupe, mais se concentre davantage sur sa propre personne et ses besoins, tandis que l'humain ou les personnes sont des individus de nature sociale, pouvant contribuer de l'énergie à leur entourage. Ainsi, des échanges énergétiques se produisent généralement entre humains, mais pas nécessairement entre individus, qui ne se sent pas toujours liés aux autres.*

Enfants nés entre 2009 et 2012

Tous ces enfants sont des individus Cristal « pur », ils sont caractérisés par le fait que leur esprit est pleinement intégré à leur corps. Leur aura et leur corps sont cristallisés. Ils n'ont pas besoin de recourir à une AuraTransformation™.

Enfants nés après 2013

Les enfants nés à partir de 2013 n'auront pas besoin d'AuraTransformation™ non plus, car leur corps et leur aura sont cristallisés, tout comme l'énergie de leur réseau, et par conséquent également dans les couches de conscience qui au niveau visible reposent au-delà de leur aura, mais qui, d'un point de vue énergétique, font partie de leur énergie personnelle.

Ils sont par conséquent très conscients des personnes avec lesquelles ils s'associent et des raisons de ces associations. Dès leur enfance, ils se sentiront intimement reliés à des personnes qu'ils n'auront pas encore rencontrées dans leur vie physique, ou à des personnes avec lesquelles il semblera n'y avoir aucun lien logique. Ils reconnaissent les gens et l'énergie qu'ils dégagent à partir d'autres couches de conscience de leur développement.

Quand est-il préférable de ne pas être Aura-transformé ?

Nous déconseillons l'Aura-Transformation™ aux personnes très âgées, et encore plus aux personnes vieilles d'esprit.

Si vous souffrez de troubles mentaux, êtes mentalement instable et/ou dépendez de médicaments puissants, il est fortement déconseillé de subir une AuraTransformation™. Si vous êtes sous antidépresseurs ou médicaments de ce type, des circonstances très spécifiques devront être en place avant de recourir à une AuraTransformation™ en guise de solution possible à la dépression.

Si vous êtes alcoolique, prenez des drogues hallucinogènes, y compris du cannabis, ou êtes drogué, il est également déconseillé de recevoir une AuraTransformation™.

Il peut être difficile de prédire l'issue d'une AuraTransformation™ chez les fumeurs de cannabis, car l'influence du cannabis demeure généralement dans le corps et l'esprit longtemps après son ingestion, avec une distorsion aiguë de la perception. Tel est le cas même si la personne ne perçoit elle-même pas la situation ainsi. Il est déconseillé de faire appel à une AuraTransformation™ si vous fumez régulièrement du cannabis.

Nous déconseillons aussi aux « chercheurs spirituels » de recevoir une Aura-Transformation™ s'ils souhaitent collectionner une énième expérience psychotrope sur le chemin spirituel qui les mène à leur vérité intérieure.

Que se produit-il pendant une AuraTransformation™ ?

Chaque personne étant unique, aucune AuraTransformation™ ne se produira exactement de la même façon. Tous les processus de soin sont individuels ; lorsque deux personnes parlent de leur AuraTransformation™ par la suite, leurs expériences peuvent n'avoir rien en commun à part l'apport d'une protection et d'un magnétisme plus puissants dans leur aura.

Une AuraTransformation™ et un Ajustement aurique se produisent à travers un soin énergétique, au cours duquel un Aura Mediator™ tient les pieds de son client durant tout le processus. Une AuraTransformation™ ne doit toutefois pas être assimilée à un soin habituel, puisque le travail porte essentiellement sur la conscience, se traduisant à travers les réactions du corps ; une AuraTransformation™ entraîne un contact direct entre le corps et la conscience.

La conscience modifie immédiatement l'état émotionnel, tandis que le corps a souvent besoin d'un peu plus de temps pour enregistrer le nouveau fonctionnement de la structure énergétique.

Le processus d'AuraTransformation™ prend généralement entre trois et quatre heures, réparties sur un ou deux traitements, selon que le traitement soit accompagné de clairvoyance, de conversations, ou d'autres modalités de ce type. Certains clients ont besoin de verbaliser leur processus personnel, tandis que d'autres sont plus à l'aise en contemplant leur nouvelle conscience par eux-mêmes.

La désintégration de l'ancienne aura est presque à la portée de tous les thérapeutes. Il s'agit d'un processus assez facile. Il faut cependant une force de conscience et un équilibre intérieur très importants pour reconstruire la structure de la nouvelle aura.

Pour modifier une aura, le thérapeute doit apporter un influx d'énergie à large spectre, une technique que les Aura Mediators intègrent lors de leur formation. Il s'agit d'une énergie qui, même pour les guérisseurs les plus expérimentés, donne l'impression d'avoir une gare centrale bondée dans votre tête. Ceci explique pourquoi ce n'est pas une énergie à tester pour vous amuser.

Assurez-vous que l'Aura Mediator™ que vous consultez a reçu sa formation auprès de l'un de nos stages, détaillés à la fin de ce livre. En outre, choisissez votre Aura Mediator™ en suivant votre intuition ; en effet, ils ne seront pas tous alignés à vous malgré leurs importants pouvoirs énergétiques.

Il existe de nombreux types d'Aura Mediators, chacun ayant une approche différente de son travail d'AuraTransformation™. Certains s'expriment de façon très pragmatique, tandis que d'autres ont une interprétation plus intellectuelle. Soyez donc à l'écoute de votre ressenti en réservant une séance, vous devez être confiant que l'Aura Mediator™ que vous choisirez sera en mesure de comprendre et de s'adapter à vos énergies et à vos idées, et qu'il pourra vous parler de l'AuraTransformation™ en toute quiétude.

Lors du processus d'AuraTransformation, le client sera aussi confortable et détendu que possible. L'Aura Mediator™ commence toujours par scanner le système énergétique de son client, pour déceler des blocages ou problèmes éventuels à soigner, purifier et libérer pendant le processus, afin que le client soit prêt à recevoir le corps Équilibre et sa nouvelle structure aurique comprenant les nouvelles énergies.

Au début de l'AuraTransformation™, l'Aura Mediator™ recevra des indications claires quant aux régions du client nécessitant un travail plus appuyé, par exemple le cou, le dos, l'abdomen, etc., ces endroits étant à la source des blocages.

Une fois que le corps et le système énergétique ont été examinés et remplis d'énergie, entraînant souvent une sensation de lourdeur physique, de chaleur, des picotements dans les pieds, les mains, ou autres parties du corps, le client peut aussi éprouver une légère sensation de pression dans la tête. C'est un signe qu'il est prêt à libérer les anciens corps énergétiques, décrits en détail au chapitre *L'Aura de l'âme.*

Pour la plupart des gens, les corps énergétiques se libèrent par eux-mêmes, donnant une sensation d'étourdissement, comme si vous attendiez de vous débarrasser de quelque chose dont vous n'aviez plus besoin. Ceci libère la connexion directe à l'énergie de l'âme.

Il s'ensuit alors une longue phase, durant laquelle le client développe son potentiel énergétique complet. C'est un processus que la plupart des gens apprécient, car ils ont la sensation de disposer enfin de l'espace dont ils ont besoin. Certains s'allongent ou s'asseyent pour absorber les énergies à l'œuvre dans leur corps et leur esprit, tandis que d'autres éprouvent le besoin de parler des choses qui leur viennent à l'esprit en cours de route, que ce soit sous forme de pensées, d'émotions, de mémoires ou d'images visuelles oubliées depuis longtemps, etc.

Leur origine proviendra généralement des blocages ou autres problèmes dont le client pourra se libérer une bonne fois pour toutes, grâce à la transformation, ou il travaillera plus profondément pendant un certain temps pour retrouver un équilibre de base optimal. Cet équilibre doit être en place pour permettre au client de recevoir la nouvelle énergie de façon optimale. Les thèmes qui surgissent sont souvent en rapport avec l'équilibre des différents niveaux énergétiques, selon le cheminement du client.

Tout le monde n'éprouvera pas la même expérience au cours de ce processus, mais l'Aura Mediator™ recevra toujours les informations requises, qui seront à interpréter par la personne. Les informations peuvent survenir sous forme de sensations, de couleurs, lumières, images, ou encore par clairvoyance ou clairaudience.

À l'issue du processus de développement et de soin, le client éprouve un calme profond, ou encore un immense sentiment de joie. Les réactions peuvent varier, mais quelles qu'elles soient, il sera toujours évident que le moment est venu de rassembler l'aura.

Une fois le client soigné, purifié et son énergie développée, le rassemblement de la nouvelle aura peut commencer. Pendant ce processus, l'Aura Mediator™ travaille de façon consciente et concentrée, car le corps Équilibre et la nouvelle aura doivent entièrement entourer le corps du client pour être en mesure de fonctionner en tant que nouvelle protection. De nombreux clients sentiront le corps Équilibre en train de se constituer autour de leur corps physique.

Cela peut donner l'impression d'être enveloppé chaudement, ou d'être l'objet d'attentions et de protection spéciales.

Dans certains cas, le client n'a pas envie d'être « enveloppé », tant la sensation d'espace infini et d'absence de limite physique éprouvée au cours du processus de guérison aura été irrésistible ; ils voudront continuer à goûter à cet état. Il est cependant impossible de rebrousser chemin, car le corps Équilibre doit être relié aux corps physique pour que la personne puisse avoir une influence positive sur Terre ; l'état de félicité infinie sur Terre doit donc attendre le bon moment.

Un équilibrage suit généralement tout de suite après, et si la situation le permet, est vite terminé. Autrement, il est souhaitable de se soumettre à un équilibrage supplémentaire environ deux à trois semaines après l'AuraTransformation™, mais là encore, tout dépendra de l'individu.

Certains clients n'éprouvent pas le besoin d'être rééquilibrés, mais pourront être en demande de conseils relatifs à des traitements d'équilibrage du corps faisant suite à leur AuraTransformation™.

À quelle vitesse réagit-on à une AuraTransformation™ ?

Tout le monde ne répond pas à son AuraTransformation™ au même rythme, tout comme personne ne réagit de la même façon, mais en général, on retrouve des similitudes entre les réactions éprouvées par les personnes aura-transformées avant et après l'intervention.

La rapidité à laquelle se produisent les transformations personnelles et énergétiques dépendra en grande partie de votre conscience au moment d'être aura-transformé, et de la mesure à laquelle vous étiez coincé dans des schémas de comportement vétustes.

Les motivations menant à une AuraTransformation™ sont multiples. Certains veulent être aura-transformés pour gagner en force et en courage, avant de se lancer dans un processus plus approfondi de transformation personnelle. D'autres font l'inverse, choisissant l'AuraTransformation™ comme l'apogée qui suit un bouleversement radical dans leur vie, éprouvant le besoin d'intégrer un nouvel équilibre fondamental.

Certains ont perdu leur emploi, ou ont divorcé et ont donc l'impression que des changements de vie majeurs leur ont été imposés. Dans de tels cas, l'AuraTransformation™ peut être salvatrice, pour enfin faire la paix avec le passé. D'autres savent tout simplement en leur for intérieur qu'il est temps de transmuter leur aura afin d'avoir une plus grande liberté au niveau de la conscience, et d'intégrer à leur vie une puissance de manifestation physique plus importante.

Ce n'est donc pas étonnant que certains soient littéralement propulsés dans des changements à la suite de leur AuraTransformation™, tandis que d'autres s'y jettent d'eux-mêmes, ou trouvent que les changements se glissent imperceptiblement dans leur vie. Qu'ils détectent la variation dans leur personnalité ou non, elle sera toujours remarquée par leur entourage, puisque leur rayonnement énergétique aura changé de façon radicale suite à l'AuraTransformation™.

Les Trois structures auriques

Les différences fondamentales entre les trois structures auriques, à savoir l'ancienne aura, l'aura Indigo et l'aura Cristal, sont les suivantes. L'aura de l'âme est composée d'énergie d'âme condensée, dont la structure est si comprimée que son énergie est difficilement transformable, à moins d'avoir entièrement traversé son karma jusqu'à ce que l'énergie se mette à tomber d'elle-même, ou qu'il y ait eu une influence physique ou psychologique violente transgressive extérieure, accompagnée d'un choc qui aurait fait disparaître ou se scinder l'aura.

L'aura Indigo comprend un corps Équilibre qui entoure le corps et est composé d'un mélange d'énergie condensée matériellement et d'énergie de l'esprit pure. Ce corps Équilibre est entouré par un corps énergétique, composé d'une énergie d'esprit de haute fréquence très pure qui envoie des impulsions spirituelles dans le corps physique via le corps Équilibre.

L'aura Cristal est composée d'une aura purement spirituelle, de la taille du corps Équilibre de l'aura Indigo, envoyant des impulsions spirituelles de haute fréquence très pures directement dans le corps. Lorsque le corps physique est en mesure de vibrer à la même fréquence élevée que l'aura Cristal, l'aura et le corps Cristal s'unissent, formant un grand chakra du cœur.

Dans les pages qui suivent, vous trouverez des descriptions et des représentations des trois structures auriques.

L'Aura de l'âme

L'aura de l'âme comporte les corps énergétiques et les chakras suivants :

Le corps physique : Enveloppe à travers laquelle s'expriment les énergies de l'esprit et de l'âme.

Le corps éthérique : Protection du corps physique.

Si ce corps énergétique se met à se désintégrer ou à défaillir complètement, vous vous sentirez très exposé aux influences externes physiques et psychologiques. Vous pourriez alors développer des allergies, de l'eczéma et autre problème cutané, ou avoir du mal à tolérer la lumière du soleil.

Le corps éthérique comporte sept chakras, chacun étant une partie pleinement intégrée du corps éthérique et relié à la colonne vertébrale.

Le corps mental inférieur : Bibliothèque mentale contenant toute connaissance apprise et tout apprentissage externe.

Avec l'avènement des Temps Nouveaux, vous pourriez manquer d'espace dans cette bibliothèque ; il se peut aussi que dans certaines situations, des connaissances totalement basiques soient oubliées. En effet, le cerveau doit se débarrasser de connaissances basiques ou les mettre en arrière-plan avant d'en absorber de nouvelles.

Le corps astral :   Archive karmique et émotionnelle du passé, du présent et de l'avenir d'une personne.

« On récolte ce que l'on sème », dit le dicton, mais cela ne se produit pas toujours au cours d'une même vie.

L'énergie de l'âme appartient à ce corps énergétique, dans lequel il est possible de lire l'avenir prédéterminé d'une personne donnée et les actions de vies antérieures, ainsi que votre état émotionnel à tout moment.

Le corps mental supérieur :   Énergie intuitive et spirituelle.

Elle encercle le corps et les autres corps énergétiques de l'aura et peut être contactée en méditation et en clairvoyance.

C'est ici qu'est stocké le potentiel de conscience infini, à l'extérieur du corps éthérique, du corps mental inférieur et du corps astral.

Les sept chakras, qui font partie intégrante du corps éthérique de l'aura d'âme, sont reliés dans le dos :

Chakra racine :   Relie à la Terre, maîtrise de soi, initiative et reproduction.

Chakra du Hara :   Bien-être physique, finances, sexualité, pouvoir, désir, sentiment d'être extérieurement bien loti ou angoisse de manquer de choses matérielles.

Plexus solaire : Confiance en soi, patience, calme neurologique, relations intimes et familiales, sentiment d'appartenir à un groupe sans être collés les uns aux autres.

Chakra du cœur : Amour humain, liberté, confiance, compassion, unité et lien entre le terrestre et le spirituel.

Chakra de la gorge : Ici, vous vous dressez seul face à l'extérieur, en communiquant, en établissant des limites, en vous exprimant, etc.

Troisième œil : Intuition, vision d'ensemble, transformation et clairvoyance spirituelle.

Chakra coronal : Amour de tout et amour de la vie, ouverture à l'énergie de pur esprit du corps mental supérieur grâce à un fil de vie spirituel appelé la corde d'argent.

L'Aura de l'âme

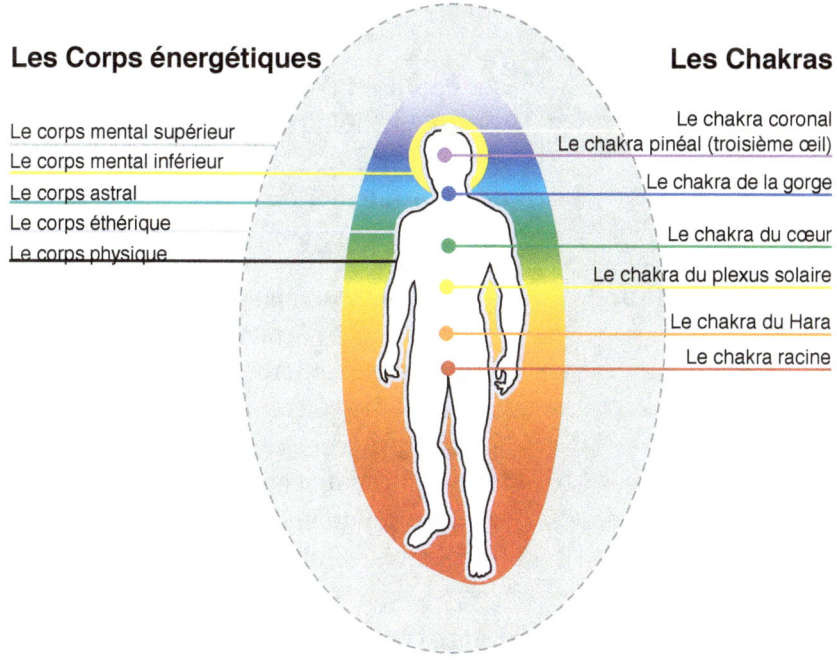

Les Corps énergétiques

Le corps mental supérieur
Le corps mental inférieur
Le corps astral
Le corps éthérique
Le corps physique

Les Chakras

Le chakra coronal
Le chakra pinéal (troisième œil)
Le chakra de la gorge
Le chakra du cœur
Le chakra du plexus solaire
Le chakra du Hara
Le chakra racine

L'Aura Indigo

L'aura Indigo comporte les corps énergétiques et les chakras suivants :

Le corps physique :   Enveloppe à travers laquelle s'exprime l'esprit

Le corps spirituel :   Énergie intuitive et spirituelle.

Ceci correspond au corps mental supérieur de l'aura de l'âme.

Le potentiel de conscience infini d'une personne Indigo se situe et est accessible ici, de sorte que le corps puisse utiliser les informations du corps Équilibre et les traduire en actions.

Le corps Équilibre :   Agit en tant qu'interprète entre le corps physique et le corps spirituel, le corps et l'esprit s'exprimant dans des langues différentes. Ils se comprennent grâce à la présence du corps Équilibre qui entraîne, entre autres, une puissance de manifestation personnelle plus importante et une meilleure visibilité vis-à-vis d'autrui.

Le corps Équilibre comporte trois chakras/centres énergétiques majeurs, reliés dans le dos :

Le chakra du Hara :   Ancrage à la Terre ; satisfaction physique, initiative, logement, finances, sexualité, joie et famille.

Contient les qualités d'origine du chakra

racine, du chakra du Hara et du plexus solaire dans l'aura de l'âme en un axe énergétique puissant, assurant une meilleure cohérence entre les besoins personnels et leur réalisation.

Le chakra du cœur : Recentrage, équilibre émotionnel, amour spirituel et terrestre, sens de liberté intérieure, ouverture, compassion et communication honnête à partir du cœur.

Ce chakra concentre les qualités d'origine des chakras du cœur et de la gorge de l'aura de l'âme en un axe énergétique, signifiant que votre bouche est en mesure de communiquer ce que ressent votre cœur.

Le troisième œil : Aperçu mental, intuition, plénitude et équilibre, vision, influx continu de pénétration spirituelle et d'être pur.

Il concentre les qualités d'origine du chakra pinéal et du chakra du cœur de l'aura de l'âme en un seul centre énergétique, suscitant davantage de clarté et la capacité à vivre dans le moment.

L'aura Indigo

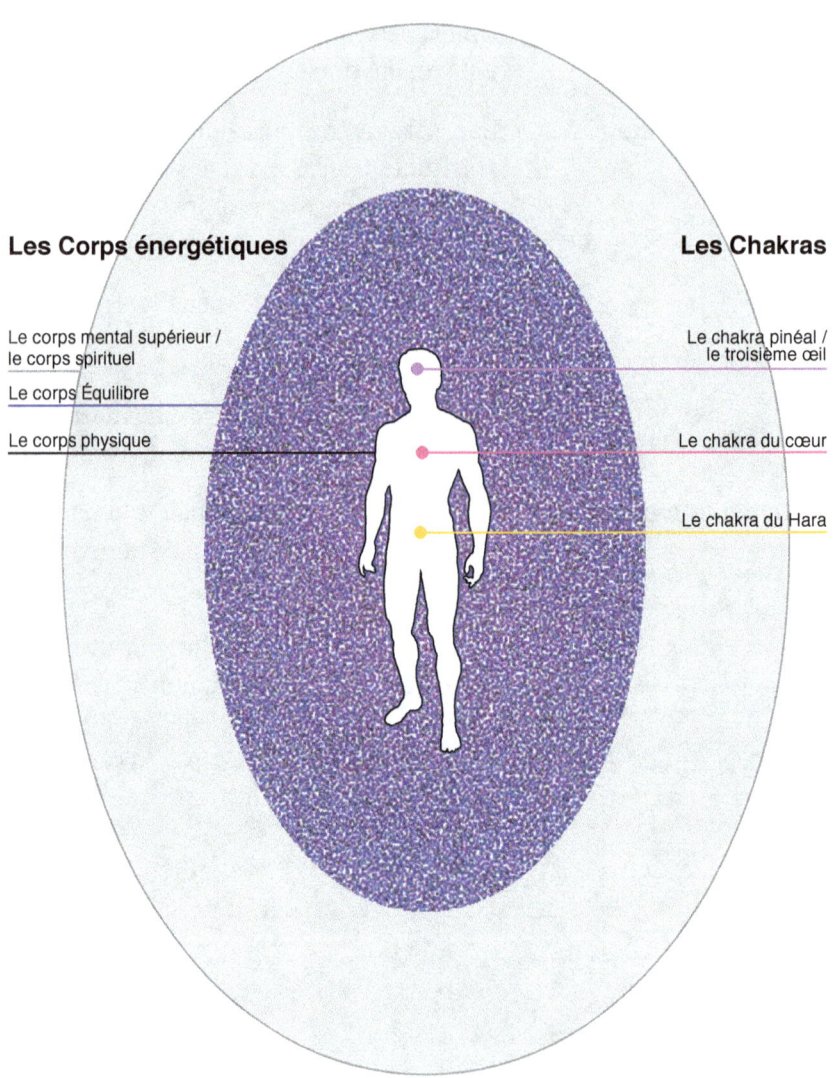

Les Corps énergétiques

Le corps mental supérieur /
le corps spirituel

Le corps Équilibre

Le corps physique

Les Chakras

Le chakra pinéal /
le troisième œil

Le chakra du cœur

Le chakra du Hara

L'Aura Cristal

L'aura Cristal comporte les corps énergétiques suivants, ainsi qu'un seul chakra :

Le corps physique : L'enveloppe à travers laquelle s'exprime l'esprit.

L'aura : Également appelée corps spirituel, consistant en énergie spirituelle condensée pure.

Le chakra du cœur : D'abord centré autour du thymus, au milieu de la poitrine, puis remplit toute l'aura et le corps, une fois le processus de cristallisation achevé.

Il représente exactement les mêmes qualités que le chakra du cœur de l'aura Indigo, à savoir le centrage, l'équilibre émotionnel, l'amour spirituel et terrestre, un sens de liberté intérieure, l'ouverture, la communication honnête centrée autour du cœur.

L'aura Cristal

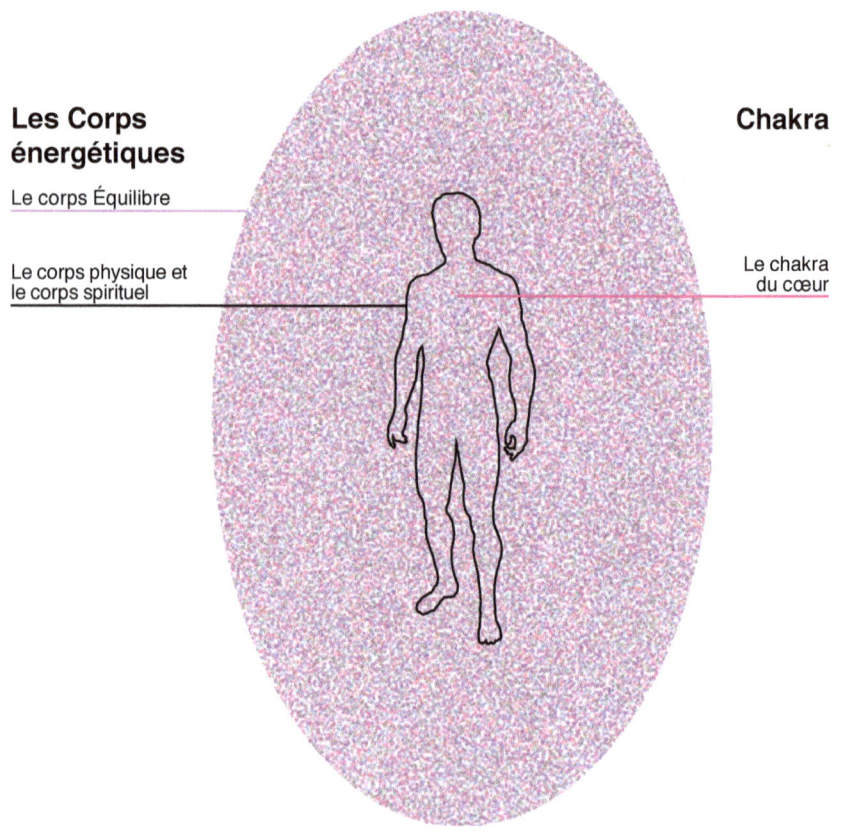

Les Corps énergétiques

Le corps Équilibre

Le corps physique et le corps spirituel

Chakra

Le chakra du cœur

Intégration de nouveaux axes énergétiques puissants

Dans l'aura Indigo, les sept chakras de l'aura de l'âme sont associés pour former trois centres énergétiques extrêmement puissants dans le corps, autour du chakra du Hara en bas, représentant la vitalité physique, du chakra pinéal au-dessus, représentant l'intuition spirituelle et autour d'un tout unifiant au niveau du cœur, au centre, représentant l'équilibre à l'origine de toute forme de vie.

Les qualités d'origine du chakra du cœur et du plexus solaire sont ainsi intégrées dans le chakra du Hara. Le chakra de la gorge est intégré au chakra du cœur et le chakra coronal est intégré au chakra pinéal, tandis que les qualités des chakras de l'aura de l'âme restent intactes dans l'aura Indigo, tout en étant dans des constellations énergétiques entièrement différentes.

Ceci permet de créer une vie dans laquelle tout ce qui a trait au logement, à l'argent, à la sexualité, à la joie et à la famille provient d'un même élan, alors qu'auparavant, les gens souhaitaient générer une vie trépidante à l'extérieur et plus modérée chez eux. Au niveau Indigo, il existe une meilleure affinité entre les besoins d'une personne et leur actualisation.

Dans l'énergie Indigo, il sera très difficile de ne pas se sentir décalé en compartimentant sa vie avec d'un côté sa famille et de l'autre son amant ou sa maîtresse. Dans cette énergie, le mari ou la femme au foyer sera aussi l'amoureux ou l'amoureuse, nourrissant davantage de besoins sous un même toit. La nouvelle aura et l'association des énergies du cœur et de la gorge dans le même chakra créeront un terreau fertile pour l'honnêteté, puisque la communication sera une expression directe du ressenti du cœur.

En ce qui concerne l'union des énergies des deux chakras supérieurs, cela va sans dire que l'intuition et la spiritualité fusionnent.

Lors de la transition de l'aura Indigo à l'aura Cristal, les trois centres énergétiques se rassemblent en une seule énergie axée autour du cœur, où la plénitude et l'équilibre qui fondent l'énergie du cœur sont fondamentaux.

En se concentrant exclusivement sur le ressenti du cœur, nous nous donnerons les moyens d'un centrage optimal. Si nous n'appréhendons le monde qu'à travers notre mental et nos pensées, nous souffrirons d'un manque de joie et de satisfaction physique et si nous n'appréhendons le monde qu'avec notre abdomen, pieds plantés dans le sol, il nous manquera une vision d'ensemble et une compréhension de l'interconnexion entre toute chose.

L'intégrité, le centrage et l'équilibre sont par conséquent les conditions optimales pour vivre aligné à l'énergie des Temps Nouveaux. Ces conditions seront toutes satisfaites par la structure énergétique de la nouvelle aura. Il restera toutefois possible, si vous le souhaitez, de choisir de grandes fluctuations mentales, émotionnelles ou opérationnelles dans votre vie, car vous serez sûr de retrouver votre équilibre fondamental rapidement.

Élargissement de la conscience

La raison principale pour laquelle la plupart des gens ont besoin d'une nouvelle aura alignée aux conditions contemporaines et ne peuvent continuer à utiliser les anciens corps énergétiques de l'aura est que ceux-ci tempèrent beaucoup trop notre conscience en expansion constante et notre univers mental.

Petit à petit, nos pensées et notre esprit ont besoin de plus d'espace. En ce qui concerne le monde extérieur, le disque dur de l'ordinateur interne de beaucoup d'adultes est devenu trop petit, caduc. Si vous vous y connaissez en ordinateurs, vous saurez à quel point il est facile de créer, de supprimer et de réorganiser des fichiers dans un système. Si nous comparons ceci à la façon dont les gens gèrent leurs pensées et leur vie, ces processus sont trop compliqués pour se dérouler au tempo très lent du système énergétique humain « ancien ». C'est le cas pour nombre d'adultes, car les enfants d'aujourd'hui ont tendance à rapidement oublier leurs misères, à moins d'être de nature malpolie, transgressive ou offensive. Les adultes restent souvent focalisés sur leurs maux et anciens schémas de comportement sans réussir à s'en extirper, bien qu'ils aient vraiment envie de passer à autre chose, pour la simple raison qu'ils sont convaincus que les événements doivent suivre une séquence prédéterminée, qu'ils doivent subir une certaine quantité de souffrance pour être à l'aise. L'idée selon laquelle on doit souffrir avant de trouver le bonheur appartient désormais au passé et ne correspond plus à l'époque moderne. Dans le monde d'aujourd'hui, et surtout dans le monde de demain, il ne peut y avoir un manuel de vie énonçant les « bonnes » pensées, émotions ou façons de vivre. L'énergie et l'aura des Temps Nouveaux nous guideront pour comprendre et suivre ces principes.

Les enfants des Temps Nouveaux sont arrivés sur la Terre en ayant une conscience bien plus importante que celle de leurs parents ou leurs grands-parents. Elle leur est accessible dès la naissance, simplement pour briser les nombreux comportements erronés et inappropriés qui étaient autrefois créés dans l'enfance et perpétués dans les familles. L'espoir est aujourd'hui que des horreurs telles que l'inceste et autres types d'abus seront réduits au cours des vingt années à venir ; en effet, de nombreuses sociétés ont une tradition de sexualité pervertie, dans laquelle les gens ne perçoivent pas qu'ils ont mal agi.

Beaucoup de nouveaux enfants sauront par eux-mêmes que de tels actes sont dévoyés, qu'ils constituent un abus d'amour, et ils briseront ces mauvais schémas consciemment ou non, sans rompre tout contact avec leur famille, comme c'était le cas avant.

Malgré tout, les enfants continuent à aimer leurs parents, quelle que soit leur ignorance en matière de conscience, d'humanité et d'amour.

L'ancienne aura n'est pas la seule à ne plus pouvoir suivre l'air du temps. Elle offre trop peu de protection au corps, comme le découvrent aujourd'hui de nombreuses personnes à leurs dépens. Plus l'afflux de nouvelle énergie sur Terre gagne en puissance, plus les gens seront susceptibles de souffrir d'allergies, tout comme ils ne pourront plus tolérer le soleil, qui soutient normalement notre vie et celle de notre planète.

Au niveau psychologique, nombre de personnes se sentent beaucoup plus vulnérables qu'auparavant. En raison d'un niveau de protection de la conscience très faible autour du corps, ils auront facilement l'impression que leur entourage est plus intrusif qu'il ne l'est en réalité. Beaucoup de personnes auront éprouvé la sensation qu'une personne écrase leur ventre, alors qu'ils ne font que les saluer dans la rue.

Le Karma

Le passé, le présent et l'avenir peuvent se lire dans le corps astral de l'aura de l'âme, où elle s'exprime sous forme de karma, selon lequel vous récoltez ce que vous avez semé. Pendant des milliers d'années, le karma a contrôlé nos vies avec une main de fer ; il se peut que certains paient aujourd'hui un méfait datant de 1172 ou même d'une époque avant notre ère, ce qui est assez déplacé étant donnée la situation actuelle !

Nous devons faire table rase et partir du principe que nous avons désormais une collection plus ou moins grande de qualités, de fautes et faiblesses, voir jusqu'où elles nous mènent, puis oublier tout ce qui s'est produit auparavant. Cela ne veut pas dire que les criminels devraient soudainement être autorisés à être réhabilités du jour au lendemain, s'ils n'ont rien fait pour le mériter. Bien évidemment, ils doivent recevoir l'équivalent de ce qu'ils émettent ou ont émis dans le monde au cours de cette vie, afin que justice soit faite.

Il est clairement préférable que le karma, sous forme de justice, suive un équilibrage plus rapide qu'auparavant, si le développement de la Terre continue à accélérer aussi vite et de façon aussi positive. Autrement, nous resterions bloqués dans l'historique de notre conscience, que nous ne sommes pas en mesure de comprendre de façon directe dans notre vie quotidienne. Il est donc impossible d'atteindre une liberté personnelle et intérieure avant de vous débarrasser de votre aura de l'âme, dans laquelle votre histoire prédestinée a été écrite.

Une Bibliothèque mentale

Le corps mental inférieur de l'aura de l'âme se situe autour de la tête et représente une sorte de bibliothèque ordonnée. Elle contient toutes nos connaissances et tout ce que nous avons appris de sources extérieures jusqu'à aujourd'hui. Les choses s'accélérant de jour en jour, nous obligeant à suivre les nouveaux concepts et connaissances, il y a de moins en moins de place dans la bibliothèque. De nombreuses personnes se retrouvent donc dans des situations où elles ont oublié leurs connaissances de base, tout simplement parce que leur cerveau a été contraint de s'en débarrasser ou de les mettre à l'arrière-plan pour laisser la place aux nouvelles données.

Il n'y a pas suffisamment de place dans le cerveau ou la conscience ; quoi de mieux que de relier l'intuition directement au corps par le biais d'une AuraTransformation™ pour qu'elle vous rappelle tout ce dont vous devez vous souvenir au travail et à la maison ?

Blocage de la conscience

Le corps mental supérieur, qui représente l'intuition et l'esprit, se situe dans la partie externe de l'aura de l'âme.

Pour vous mettre en contact avec votre intuition, vous devez auparavant traverser les trois corps énergétiques de l'aura, le corps éthérique, le corps astral et le corps mental inférieur, semblable à un bouclier qui bloque la conscience entre le corps et l'énergie spirituelle dans le corps mental supérieur. Ceci peut être ressenti de façon plus ou moins fluide. Certaines personnes empruntent un véritable autoroute les conduisant vers l'énergie de l'esprit, tandis que d'autres ne parviennent jamais à accéder à l'énergie de leur esprit et à leur intuition.

Il existe de nombreuses façons de se relier à l'énergie de l'esprit, la méditation étant l'une des façons les plus connues d'y accéder.

Les personnes qui méditent travaillent en pleine conscience, que ce soit dans un calme profond ou accompagné de musique apaisante, pour se relier à leur énergie spirituelle et trouver en eux des réponses sur la vie en général et de nombreuses autres questions. Le problème pour certains est que pendant la brève période où ils méditent, ils se déconnectent totalement de leur corps physique et de leur lien à la Terre. Cela se produit parce que leur attention se retire totalement du corps et de leur entourage, afin que leurs pensées puissent fluctuer exclusivement dans la partie externe de leur conscience. D'un point de vue plus pratique, il est très difficile de méditer profondément sur vos courses, par exemple, lorsque vous vous trouvez au supermarché et que vous avez oublié votre liste, les bruits environnants pouvant gêner votre concentration. Il est donc beaucoup plus facile d'utiliser votre intuition lorsqu'elle a été directement reliée à votre corps grâce à la nouvelle aura.

Attirance et établissement de limites

Le corps Équilibre de l'aura Indigo est très puissant et ne peut être retiré une fois qu'il s'est établi par le biais d'une Aura-Transformation™. Il est possible d'affaiblir la protection et le magnétisme si vous le souhaitez.

La finalité de la connexion directe entre le corps Équilibre et le corps est qu'en concentrant vos pensées et votre volonté, vous serez en mesure d'attirer des personnes et des situations précises. En outre, il vous sera plus facile de garder à distance les personnes et situations gênantes.

En bref, vous aurez plus de facilités pour établir des limites vis-à-vis du monde, mais aussi pour vous ouvrir à de nouvelles relations et circonstances, si tel est votre souhait. De plus, votre rayonnement sera beaucoup plus fort, votre entourage n'aura aucun problème pour voir comment vous vous sentez. Les personnes ayant fait l'expérience d'une nouvelle aura remarquent souvent que leur entourage réagit comme si elles avaient exprimé des souhaits ou parlé de telle ou telle chose, alors qu'elles n'ont encore rien dit. Cela provient du fait que les pensées et attitudes sont désormais plus visibles dans l'aura qu'auparavant, facilitant l'établissement de limites par rapport aux autres, sans devoir prendre de mesures draconiennes.

Il est toutefois nécessaire d'établir des limites strictes afin que votre entourage comprenne ; personne ne pourra douter de votre opinion en la matière !

Cependant si vous avez eu une journée vraiment éprouvante, ce qui peut encore arriver après une AuraTransformation™ sans que cela ait une influence négative sur la suite de votre semaine, il se peut que vous ayez l'air très fatigué.

Cependant si vous avez eu une journée vraiment éprouvante, ce qui peut encore arriver après une AuraTransformation™ sans que cela n'ait de répercussions négatives sur la suite de votre semaine, vous pourriez avoir l'air très fatigué. L'honnêteté passe toujours avant le reste, même en ce qui concerne votre apparence. Cela dit, vous pourrez à tout moment prendre la décision de changer les choses – et cela se réalisera. La conscience établit l'ordre du jour en ce qui concerne vos expériences physiques positives et négatives.

L'équilibre personnel est beaucoup plus prononcé avec l'intégration de l'aura de Cristal ; votre entourage a donc plus de mal à interpréter vos humeurs, qui sont reliées à l'énergie Indigo. Votre protection personnelle, votre magnétisme et votre pouvoir d'attraction, ainsi que votre capacité à établir des limites, sont proportionnellement plus puissants dans l'énergie Cristal.

Intuition et plénitude

Avec l'intégration des auras Indigo et de Cristal, l'énergie de l'esprit devient sensiblement plus puissante et prend une place beaucoup plus importante dans votre vie qu'elle ne l'avait sous l'aura d'âme, puisque vous êtes plus en mesure de vous identifier à vos pensées, votre intuition et à l'énergie de votre esprit, qui sont désormais physiquement présentes et dont l'impact est plus direct.

Grâce à la connexion directe entre l'énergie de l'esprit et le corps physique, le corps Équilibre agissant en tant qu'intermédiaire et interprète entre l'esprit et le corps, l'intuition n'est plus une énergie de conscience éloignée, avec laquelle vous n'entretenez qu'un contact occasionnel et en qui vous pourriez même ne pas avoir une confiance absolue. Le chemin menant de la pensée à l'action est par conséquent plus court, car vos pensées et votre intuition, via un contact direct avec le corps, peuvent désormais être vécues et matérialisées dans le monde visible.

La plupart des gens ayant reçu une AuraTransformation™ éprouvent un sentiment de plénitude, d'avoir activé la coopération interne et externe de leur système énergétique. Si tel n'est pas le cas, c'est parce qu'ils n'ont pas encore l'habitude de prendre simultanément en compte leurs pensées, leurs sentiments et leur corps physique.

Beaucoup ont du mal à entrer profondément en contact avec leur mental et leurs émotions si leur stress les a épuisés physiquement. Il arrive que certains oublient complètement d'écouter leur corps s'ils sont pris par des frustrations mentales et émotives. Dans ce cas, ils doivent faire comprendre à leur système énergétique qu'ils sont désormais les maîtres à bord, afin qu'il puisse activer un niveau de coopération interne si nécessaire. Après tout, c'est nous qui devons avoir de l'emprise sur nos pensées et notre mental, ainsi que sur notre corps physique, et non l'inverse. À moins de souffrir d'une maladie grave, qui nous empêcherait de nous maîtriser.

Il peut être nécessaire de faire un équilibrage de l'énergie à la suite d'une AuraTransformation™, si la conscience joue des tours. Une AuraTransformation™ peut totalement bouleverser une vie, un coup dur pour les personnes aux habitudes bien ancrées, à moins qu'elles n'aient déjà ressenti un désir intense de rompre avec leurs vieilles habitudes et rythmes avant leur AuraTransformation™.

Une fois que la nouvelle structure aurique est totalement intégrée, si nécessaire à la suite de quelques séances d'équilibrage supplémentaires, il devient possible d'apprécier des activités qui auparavant pouvaient vous sembler nuisibles pour le système énergétique, puisque la perspective de votre conscience aura été transformée.

La Nouvelle aura

Les réactions faisant suite à une AuraTransformation™ sont multiples, tout comme les changements qui en découlent.

Certains se sentiront dynamisés dès la première minute de l'établissement de la nouvelle aura dans leur système énergétique, s'ils se sentaient piégés par des circonstances inexplicables qui ne les entravent plus. D'autres auront besoin de rentrer chez eux pour contempler ce qui vient de se produire, avant de s'habituer à l'idée qu'ils sont désormais maîtres chez eux. Les réactions dépendent de chaque personnalité, certaines ne s'étant peut-être jamais épanouies.

Une nouvelle personnalité se crée, entre autres, à partir de décisions que prend une personne à la suite de son AuraTransformation™.

Le fait de vivre avec une nouvelle aura est un processus très individuel, qui dépend de la structure énergétique de chacun et de la façon d'appréhender le monde. Immédiatement après une AuraTransformation™, beaucoup de personnes sentent nettement qu'il y a eu un changement interne, sans pouvoir identifier ce dont il s'agit. Il ne faut généralement pas beaucoup de temps avant de se rendre à l'évidence que le monde extérieur réagit différemment à eux, et ce en réponse à leur nouveau rayonnement. Notre entourage est notre meilleur baromètre pour nous indiquer qu'une AuraTransformation™ a eu un impact sur notre apparence.

Dans les chapitres qui suivent, vous en saurez plus sur ce que vivent la plupart des personnes aura-transformées. Ces réactions peuvent prendre un peu de temps avant de se faire connaître, pour la bonne raison que nous sommes tous différents.

Si vous ne réagissez pas comme nous le décrivons, cela ne signifie pas que vous êtes une anomalie ou que vos réactions sont anormales. Mais en cas de doute, je vous conseille de prendre contact avec votre Aura Mediator™ pour qu'il vous aide à clarifier votre réaction personnelle.

Transformations physiques

Le Corps physique

À ce jour, personne sur Terre n'a pu profiter d'une vie longue et bien remplie sans le soutien d'un corps physique en état de marche raisonnable. Il est donc important de prendre soin de votre corps autant que vous prendriez soin de votre esprit et de votre être intérieur.

Avec une nouvelle aura, vous serez en mesure de ressentir, de savoir et de comprendre intuitivement votre corps et ses signaux beaucoup mieux qu'auparavant. Votre corps vous donnera davantage de plaisir, que ce soit sexuellement ou dans le cadre d'autres activités physiques.

Le magnétisme, la puissance d'attraction, tout comme votre rayonnement et votre capacité à trouver la joie dans la vie, participeront à votre bien-être physique, de sorte que votre corps vous semblera beaucoup plus vivant qu'il ne l'était capable avec l'ancienne aura.

Si vous vous retrouvez constamment à plat physiquement, malgré tous vos efforts, une AuraTransformation™ règlera le problème en un rien de temps, à moins que votre épuisement ne soit causé par des carences en vitamines. Les effets de soins du corps, comme le massage ou la réflexologie, seront beaucoup plus puissants, tout en étant plus relaxants et libérateurs pour le corps une fois la nouvelle aura intégrée.

Santé

Notre corps et notre esprit ne cessent de travailler ensemble ; le résultat de cette coopération se traduit toujours par notre santé. Par conséquent, on ne peut exposer notre esprit et notre psyché à un flux d'influences désagréables et s'attendre à ce que notre corps continue à fonctionner sans en être affecté. Notre système énergétique d'ensemble ne fonctionne pas comme cela.

Les cellules du corps gardent en mémoire chaque moment stressant, tout comme chaque expérience belle et libératrice qu'elles ont traversée. Il en est de même pour l'esprit, qu'un incident ait eu lieu il y a 50 ans ou hier. Le corps est capable de reconnaître toutes les situations qui entraînent votre énervement, votre joie ou toute émotion de cet ordre. C'est pour cette raison que vous vous sentez parfois épuisé avant même d'avoir soulevé quoi que ce soit. Si le corps a déjà tenté une action et ne l'a pas appréciée, cette mémoire précise est stockée dans le système énergétique, sous la catégorie « expériences pas terribles ».

Il n'est donc pas étonnant que le corps se sente par avance fatigué.

Si vous souffrez de grippes ou de maux de gorge fréquents, vous pouvez être sûr que ce n'est pas seulement parce que vous avez oublié de prendre votre vitamine quotidienne ou que vous avez pris froid dans un courant d'air ou une pièce enfumée et mal ventilée. L'état d'esprit, les soucis sont souvent l'élément décisif et peuvent faire pencher la balance si votre santé est déjà fragilisée. Bien sûr, cela peut aussi être dû à un manque d'activité physique, ce qui affaiblit votre corps et le rend plus susceptible face aux infections.

Pensez à toujours être à l'écoute de votre vie intérieure, de votre mental et de votre psyché, mais prenez également soin de votre forme externe, c'est-à-dire votre corps et votre apparence.

Si votre AuraTransformation™ rend possible l'intégration de l'énergie Cristal dans votre aura, l'énergie Cristal se mettra à pénétrer votre corps, si cela ne s'était pas encore produit avant l'AuraTransformation™. Cela peut être éprouvant pour votre corps ; l'énergie Cristal peut mettre plusieurs années à être complètement intégrée au corps, à un niveau cellulaire.

Le processus de cristallisation du corps est décrit dans mes livres, *The Crystal Human and the Crystallization Process Part I* et *Part II (L'être Cristal et le processus de Cristallisation I + II)*, qui constituent la suite de ce livre.

Au cours de la transition vers l'aura de Cristal, les enfants Indigo traversent un processus semblable à celui qui vient d'être décrit, mais dans une moindre mesure. Il est rare que la nouvelle énergie ait autant besoin d'être surimprimée sur leurs mémoires physiques, par rapport aux adultes.

Sexualité et vitalité

Avec une AuraTransformation™, le contact entre l'esprit et le corps s'ouvre graduellement, apportant habituellement un flux plus important de vitalité dans le corps. À moins d'avoir à examiner et à libérer une accumulation de mémoires du corps négatives et désagréables avant de pouvoir à nouveau ressentir la joie profonde d'être en harmonie avec le corps, une AuraTransformation™ accentue généralement le désir sexuel. Le désir de vivre remonte à la surface, ce qui ne veut pas dire que toutes les personnes aura-transformées deviennent des bêtes de sexe – ce regain de vitalité peut également être canalisé autrement !

Pour nombre de personnes, cependant, la joie spontanée d'une activité physique intime redevient essentielle, si elle s'était atténuée. Comme par miracle, vous ne vous sentez plus limité par des phénomènes qui auraient pu vous déranger auparavant. Après tout, le désir joue un rôle moteur ; il ne se laisse pas ralentir par des circonstances externes triviales, comme un ventre un peu trop rond ou des poignées d'amour.

Transformations personnelles

La Redécouverte du Soi véritable

Chaque enfant nait avec une personnalité totalement unique et avec le potentiel de la développer. C'est ce potentiel que les parents aident à former au cours des premières années de la vie d'un enfant, pour laisser une empreinte. Les enfants sont aussi influencés par diverses institutions et écoles, par leurs amis, leurs voisins, etc. Ils seront marqués par leur environnement, par le code moral ou par la foi qui colore leur foyer ou leur communauté. Toute situation familiale perturbatrice, comme un déménagement ou un divorce, ou toute condition stable à la maison laisseront aussi leurs marques.

Les parents sont-ils équilibrés, savent-ils faire face aux diverses situations que la vie leur présente en conservant un calme relatif, ou sont-ils fortement influencés par les situations de crise ? Quelle est l'atmosphère familiale ? Tous ces éléments laissent une empreinte.

Ce n'est que lorsque vous atteignez l'âge adulte que vous pouvez véritablement vous libérer des empreintes du passé, si celles-ci sont douloureuses ou injustes. Peu de gens ont la force intérieure nécessaire pour explorer leur identité de départ, celle qui existait avant les impressions notables. La suppression d'empreintes laissées dans votre conscience par votre entourage peut effectivement être un processus relativement long. En outre, on ne peut vraiment savoir comment on aurait réagi sans l'impact de ces impressions.

Après une AuraTransformation™, les choses se mettent à bouger à toute allure ; tout ce qui semble désaligné dans le système énergétique doit être dégagé ; c'est à ce moment-là que l'on commence à trouver son véritable Soi et à se débarrasser de tout ce qui est superflu ou caduc, sans être troublé par les pensées.

La Conscience

Ceux qui ne se rendent pas compte de l'empreinte continuelle qu'ils ont reçue pendant leur enfance doivent examiner leur subconscient. Le mental subconscient est constitué d'énergie de l'esprit encombrante ou sur laquelle on ne peut se concentrer ; il arrive qu'il déclenche des réactions inappropriées. Par exemple, le corps peut subitement se souvenir d'un incident spécifique, généralement négatif, que la mémoire consciente aura totalement oblitéré. Le corps et les instincts naturels prendront alors le contrôle du comportement. Ceci peut déclencher des réponses inexplicables et souvent gênantes.

Par exemple, le subconscient peut prendre le dessus si un adulte a réprimé le souvenir d'avoir été battu lorsqu'il était petit. S'il se retrouve soudainement dans une situation semblable à l'âge adulte, le choc peut être brutal. Un adulte habituellement doux et calme peut subitement devenir extrêmement violent, mû par un désir de se venger du passé, même s'il ne s'agit plus du même agresseur.

Les personnes qui connaissent bien la valeur ou l'influence des empreintes qu'ils ont acquises au cours de leur vie auront tendance à être portées par leur conscience plutôt que par leur subconscient. Elles comprennent bien le lien entre les causes et les effets et savent maîtriser leur comportement.

Elles se connaissent assez bien et ont suffisamment cheminé pour être en mesure de s'ouvrir à leur intuition sans se sentir en péril. Elles n'auront pas à faire face, du jour au lendemain, à un cadavre dans leur placard provenant d'expériences passées.

Équilibre et intuition

L'équilibre est le thème principal de la plupart des thérapies alternatives, et c'est particulièrement vrai pour l'AuraTransformation™, la nouvelle aura reposant sur la notion d'équilibre.

Lorsqu'on a totalement intégré l'équilibre dans notre personnalité, on peut relier notre intuition et nos sentiments à nos attentes de la vie quotidienne de façon réaliste.

Lorsque vous êtes en équilibre, il est plus facile d'appliquer cet équilibre à vos relations personnelles. Vous serez plus direct, car vous aurez dépassé la phase où vous devez accepter des aspects de vous-même que vous aviez ignorés auparavant. Votre énergie sait très bien qui vous êtes, ce que vous représentez et ce dont vous avez besoin. Si vous êtes équilibré, votre conscience recherche automatiquement un partenaire équivalent, avec lequel partager votre vie harmonieusement.

Si vous n'avez pas acquis cet équilibre intérieur, vous rechercherez constamment cet équilibre à travers votre entourage. Un couple peut avoir des comportements et des attitudes en opposition constante, pour rétablir un équilibre au niveau énergétique.

Pouvoir de manifestation et pouvoir de matérialisation

À mesure que votre intuition est affinée à la suite d'une Aura-Transformation™, votre capacité à percevoir vos besoins personnels se perfectionne, augmentant proportionnellement votre rayonnement et votre pouvoir de manifestation.

Un pouvoir de manifestation puissant équivaut à utiliser son pouvoir de matérialisation pour rapidement faire l'expérience de situations très précises dans la vie, sans manipuler qui que ce soit pour y parvenir.

Cette qualité s'atteint en devenant plus conscient de vos besoins et en faisant preuve d'initiatives en réponse aux choses que vous souhaitez ardemment depuis longtemps.

Avec la nouvelle aura, vous pourrez émettre des signaux beaucoup plus clairs et puissants, par rapport à vos capacités avec l'aura d'âme. Les personnes pouvant contribuer à la réalisation de vos désirs seront alors en mesure de se manifester. Ceux qui peuvent vous aider réagiront beaucoup plus vivement aux signaux émis que ceux ne pouvant rien contribuer.

Une fois que le pouvoir de matérialisation est pleinement intégré à votre système énergétique, il faut bien contempler le chemin avant de vous engager. Souvenez-vous que les gens adorent que quelqu'un prenne la responsabilité totale d'une situation et fasse tout le travail, pour que les autres n'aient plus qu'à en profiter. Tout le poids de ce qui pourrait aller de travers devient en toute bonne conscience la responsabilité de la personne qui s'est portée volontaire.

Avant de participer à quoi que ce soit, n'oubliez pas de poser des limites très claires avec le monde extérieur, pour que tout le monde connaisse son rôle.

Établir des limites

L'établissement de limites est un concept qui pose problème à beaucoup de monde : quand êtes-vous trop rigide, quand êtes-vous trop souple, où poser vos limites ?

La société comporte des normes et des limites communes. Dès qu'il s'agit de la sphère personnelle, les limites divergent, chacun ayant ses propres attitudes et des besoins physiques et humains différents.

En tant qu'individu, il convient de savoir très clairement où se situent vos limites, afin de pouvoir les appliquer noir sur blanc dans le monde extérieur. Il conviendra aussi de trouver des normes et des limites familiales et professionnelles, que chacun devra respecter pour que les choses se déroulent de façon optimale.

Sans savoir précisément où se trouvent vos limites, comment votre entourage peut-il savoir qu'il les a dépassées ? Vous vous rendez service tout en rendant service aux autres en connaissant votre position.

Si vous faites le choix d'une AuraTransformation™, vous aurez l'occasion de travailler l'établissement de limites. Les énergies de la nouvelle aura établissent des limites et une protection, tout en conférant la capacité à maîtriser les transformations et à résoudre les problèmes. Si vous avez du mal à établir des limites fermes, la nouvelle aura peut presque être envisagée comme une nécessité, du point de vue énergétique.

Sens de la justice

Les personnes dotées de la nouvelle aura ont habituellement un sens de la justice très développé. Il leur est presque impossible de vivre sans tenir compte de conséquences lorsque quelqu'un se comporte mal. Chaque incartade, chaque crime doivent donner lieu à une rétribution concrète. Il s'agit d'appliquer la loi du talion, et non de tendre l'autre joue pour récolter un autre coup, car ceci met rarement fin aux méfaits et aux actes condamnables.

Auparavant, on estimait que la justice compenserait tous les déséquilibres découlant de la distribution de biens matériels et humains. Très vite, la justice devint un facteur d'équilibre dans les cas d'agressions, de sorte que les éléments malencontreux récoltaient un peu de ce qu'ils avaient émis. Peu de victimes étant en mesure de riposter lorsqu'ils sont à terre, il devint nécessaire de mettre en place des institutions de punition publiques, sous la forme de prisons, etc.

Les confrontations directes entre les criminels et les victimes sont toutefois très rares, à part celles pouvant avoir lieu dans une salle d'audience, puisqu'un criminel ne s'attarde généralement pas sur les lieux de son crime.

Il peut être sain qu'un contrevenant ait une confrontation ultérieure avec son crime et ses victimes, surtout s'il a été pris sur le fait. Le fait de prendre conscience de la conséquence d'un comportement, qu'il fût bon ou mauvais, peut remettre les choses et les pensées dans une perspective rationnelle, même si cela n'annule évidemment pas l'acte d'origine.

La même méthode de confrontation et de responsabilité peut être appliquée aux enfants et à tous les petits tours qu'ils jouent au quotidien, même si la notion de justice ne se limite pas à une punition. La justice peut également être salvatrice.

À un niveau personnel, les personnes dotées de la nouvelle aura remarqueront que leur sens de la justice se manifeste sous forme de confrontations plus fréquentes avec leur partenaire ou le monde extérieur qu'auparavant. Ceci se répètera tant que ces injustices perdureront. Rien n'est occulté ; une fois les conflits résolus, il est à espérer qu'ils entraîneront davantage d'honnêteté et d'ouverture entre les personnes concernées, pour une relation plus libre. On ne voudra pas arrêter de lutter contre l'injustice tant que les situations inacceptables ne seront pas réglées ou que les personnes concernées n'auront pas résolu leurs problèmes. L'alternative serait que ces personnes ne participent plus à votre vie.

Sens de la liberté

Le sens de la liberté est un état interne qui n'a en réalité rien à voir avec votre cadre. Si vous êtes systématiquement honnête vis-à-vis de vous-même et ne choisissez que ce qui vous semble juste, votre liberté ne risquera pas de disparaître.

Il arrive de traverser des périodes où on se sent sous pression de choisir ou de faire des choses qui nous mettent mal à l'aise, ou qui sont en conflit direct avec nos convictions intérieures.

Lorsqu'on se retrouve dans de telles situations, on fait tout pour rapidement retrouver le sentiment de liberté mis de côté en suivant les croyances d'autrui plutôt que les nôtres.

En tant qu'être libre, conclure des accords, établir des relations ou travailler avec quelqu'un est chose simple, tant que vous les avez choisis. Vous maintiendrez ainsi votre sens intime de liberté. Elle est à distinguer du style d'indépendance dans laquelle vous n'en faites qu'à votre tête, sans considération de votre entourage.

Le sentiment de liberté repose en premier lieu sur l'honnêteté – et avant toute chose, sur *votre* honnêteté. Vous devez être fidèle à vos propres opinions afin de pouvoir parler pour vous-même et vous défendre.

Le fait d'être pourvu d'une nouvelle aura vous rend plus honnête vis-à-vis de vous-même. Vous ne pourrez plus vous mentir, car votre corps fera immédiatement sonner l'alarme via un langage corporel très parlant, parfois même par le biais d'une maladie, si vous n'avez pas écouté votre intuition. Il sera très difficile de vous tromper vous-même sur une longue durée sans ressentir des conséquences tangibles.

Ce nouveau sentiment de liberté qui vient de l'intérieur permet à la plupart des gens d'oser prendre leurs propres décisions et voir la vérité, même s'ils avaient du mal à le faire auparavant. Le fait de regarder la vérité en face peut susciter une souffrance psychologique temporaire, surtout si vous aviez l'habitude de vous adapter aux désirs et aux besoins de votre entourage sans prendre suffisamment en compte les vôtres.

La Joie

La joie de vivre devient partie intégrante de la vie pour la plupart des personnes aura-transformées. Votre conscience et l'univers de vos pensées sont directement reliés à votre corps physique, vous permettant de vivre pleinement vos rêves et vos désirs.

L'appétit de vivre devient plus aiguisé, et il devient insupportable de penser que vous mourrez un jour en étant passé à côté de tant d'expériences ! Vous devez vivre la vie pleinement et faire tout ce que vous avez envie de faire, à votre façon et à votre rythme !

Tempéraments

Tout le monde n'appréciera pas vos sautes d'humeur ou vos colères. Néanmoins, en règle générale, votre propension à vous mettre en colère deviendra plus forte avec la nouvelle aura, car vous bénéficierez d'une portée émotionnelle et psychologique beaucoup plus importante.

Par ailleurs, vous ne retiendrez plus dans votre système énergétique les commentaires qui feraient le plus grand bien à votre entourage, que ce soit sous forme d'éloges ou de réprimandes. L'honnêteté sera votre plus grande priorité, à la fois envers vous-même et les autres. Lorsque vous veillez toujours à maintenir un ordre interne, il n'y a plus aucune raison de refouler les ressentiments générés par de mauvais comportements, puisque tout cela est purgé. Chaque minuscule particule a été nettoyée, et vous redémarrez en ayant fait table rase, posant par la même occasion les bases d'une santé optimale. Vous n'êtes pas pour autant obligé d'oublier toutes les adversités auxquelles vous avez dû faire face, car si des événements semblables devaient se répéter et que par grande naïveté, vous avez supprimé toutes les mémoires de votre système interne, il vous serait peut-être très difficile d'éviter de reproduire les mêmes déconvenues.

L'avantage de toujours exprimer votre ressenti et vos réactions par rapport à votre entourage en temps réel et que vous pouvez être beaucoup plus honnête et intègre envers vous-même, en ayant moins besoin de faire appel aux opinions d'autrui.

Le fait de dire ce que vous pensez signifie que votre entourage goûte à votre authenticité et n'aura plus à pâtir des retombées d'événements passés qui auraient auparavant stagné sans trouver de solutions. Surtout si vous allez droit au but dans l'instant.

Le fait d'être capable d'exprimer votre colère ne veut pas dire que vous devenez une personne négative. Au contraire, vous serez beaucoup plus heureux avec votre nouvelle aura, à la fois par rapport à vous-même et dans votre vie, en général. De temps à autre, vous pourriez être tenté de livrer le fond de vos pensées à votre patron, votre partenaire, ou vos adolescents. Le doux et l'amer doivent coexister pour participer à l'équilibre global de la vie, sans quoi elle devient ennuyeuse – bien sûr, si c'est ce que vous souhaitez vraiment, libre à vous de vivre ainsi.

Le Rayonnement

Le rayonnement d'une personne correspond dans sa forme la plus simple à l'aura et au champ énergétique d'énergies fines qui vibrent autour du corps, et auxquels chacun réagit inconsciemment, que ce soit positivement ou négativement.

Toutes les auras n'ont pas la même puissance, par conséquent leur rayonnement sera plus ou moins grand.

Le rayonnement correspond en gros au pouvoir d'attraction que nous exerçons sur les autres. Plus votre conscience est aiguisée, et surtout en ce qui concerne vos besoins, plus le rayonnement et le pouvoir d'attraction correspondants permettant de satisfaire ces besoins seront importants.

Votre charisme correspondra et s'adaptera donc toujours à vos besoins immédiats, ainsi qu'à votre état d'esprit ou conscience de l'instant présent. Ce n'est pas pour rien que nous sommes en mesure de détecter les signaux puissants émis par les personnes en quête d'un compagnon ou d'une compagne. Un rayonnement personnel brûlera de désir ou irradiera un besoin pur d'intimité. Le rayonnement est aussi simple que cela.

La Capacité d'attraction

Une fois que la nouvelle aura est intégrée, le corps Équilibre procure un magnétisme totalement nouveau à votre mode de penser et votre corps. À chaque pensée, à chaque besoin physique, vous émettez des signaux très spécifiques vers le monde, indiquant qu'il vous manque quelque chose et que vous voulez que ce besoin soit satisfait par une personne particulière, ou par le monde en général. Ceux qui répondront positivement à vos signaux seront en mesure de contribuer de façon constructive à la satisfaction de vos besoins, d'une manière ou d'une autre.

Avec la nouvelle aura, votre capacité d'attraction sera beaucoup plus puissante qu'elle ne l'était avec l'ancienne aura, que vous le souhaitiez ou non. Il faudra donc vous habituer au fait que votre entourage sera soudainement plus à votre écoute qu'auparavant, à moins de choisir une vie délibérément en retrait. Dans ce cas, vos signaux s'aligneront aussi à votre intention.

Libre à vous de manifester le monde externe que vous souhaitez, car vous êtes plus ou moins consciemment responsable de l'émission de signaux correspondant à ce que vous souhaitez recevoir – votre rayonnement et votre attraction s'y aligneront.

Le Magnétisme et le pouvoir de manifestation

Immédiatement après votre AuraTransformation™, il arrive que des éléments de votre vie disparaissent. Ceci ne se produit que s'il y a un besoin de transformations profondes dans certains domaines, que vous auriez évité jusqu'alors. Vous remarquerez que tout est beaucoup plus fluide, car l'AuraTransformation™ encourage un sentiment de liberté intérieure plus prononcé, parfois attendue depuis très longtemps.

Une AuraTransformation™ n'élimine pas tous les soucis. Vous acquerrez toutefois plus de maîtrise et deviendrez plus perspicace, de façon à résoudre les problèmes de manière plus constructive et efficace qu'auparavant, sans être distrait ni dérangé par les choses sans importance.

Si vous ne pouvez pas changer une situation aujourd'hui, pourquoi vous en préoccuper ? Autant remettre vos soucis à plus tard et utiliser le moment présent pour recharger vos batteries et vous détendre, prendre des forces pour résoudre le problème quand vous le pourrez. Trop souvent, les gens laissent les petits problèmes affecter leur vie de façon totalement disproportionnée par rapport au problème. Une AuraTransformation™ mettra généralement fin à ce type de discordance.

À la suite d'une AuraTransformation™, il est plus facile de faire la part entre les petits et les gros soucis et de déterminer la quantité d'énergie et de pensées qu'il faudra dépenser pour trouver une solution. Votre aura est équipée d'une force de manifestation, mais aussi d'un discernement puissant permettant de repérer les situations sur lesquelles il vaut mieux ne pas perdre beaucoup de temps et d'efforts, car c'est l'antithèse de l'équilibre.

Le nouveau corps Équilibre, qui fonctionne en étant à la fois magnétique et protecteur, signale toujours à son propriétaire ce que pense son entourage, que ce soit positif ou négatif. Ensuite, libre à la personne de décider si elle souhaite participer aux pensées et à la vie de son interlocuteur ou non.

À travers vos pensées, vous décidez ce que vous voulez faire en toute simplicité. Votre aura répond à ces pensées en émettant des signaux qui représentent vos perceptions et vos opinions. Le pouvoir de manifestation et le magnétisme œuvrent toujours ensemble dans votre intérêt, afin que vous continuiez à attirer les personnes, les choses et les situations qui vous conviennent.

La Protection

Outre un magnétisme et une capacité d'attraction plus puissants découlant de votre AuraTransformation™, vous recevrez une importante protection vis-à-vis du monde extérieur. Ceci vous permettra de fixer des limites plus définies par rapport aux autres et vous-mêmes. Cette énergie de protection plus puissante renforcera votre confiance : vous sentirez que tout se déroule comme il le faut, même si ce n'est pas toujours évident en surface, au jour le jour.

Ce magnétisme plus fort crée une base qui vous permet d'attirer les personnes et les choses que vous souhaitez et auxquelles vous pensez, tandis que la protection accrue garantit que vous ne sautez pas à pieds joints dans n'importe quelle situation.

Ces deux éléments – le magnétisme et la protection – œuvrent toujours de concert pour créer le meilleur équilibre de base autour de votre vie. Le mot clef est l'**autogestion**, reposant sur une association intuitive avec les puissances supérieures.

Dans la mesure où la protection de la nouvelle aura épousé le corps sans aucune ouverture, il est possible de ressentir cette protection comme étant presque physique, surtout lorsque vous vous sentez émotionnellement vulnérable. Vous pourriez subitement avoir l'impression d'être soulevé de façon presque magique – un peu comme si vous aviez développé une peau d'éléphant extrêmement épaisse pour remplacer votre peau ordinaire d'humain – difficile de faire plus costaud.

La Volonté

Si nous n'étions pas dotés de la volonté de désirer certaines choses, l'humanité n'avancerait pas. La volonté est l'outil interne qui nous permet à tout moment de nous déplacer depuis l'endroit où nous nous trouvons. Si nous n'utilisons pas notre volonté, ou si nous en sommes dépourvus, nous n'atteindrons jamais notre but - les événements externes ne se réaliseront pas d'eux-mêmes.

Avec la nouvelle aura, la volonté de vivre une vie meilleure et plus satisfaisante est beaucoup plus tonique qu'elle ne l'était avec l'aura ancienne. Mais libre à vous d'utiliser votre volonté pour réaliser l'inverse et empirer les choses.

Il faut vouloir avoir une vie meilleure et faire preuve d'une volonté active pour la créer.

Il est totalement impossible d'aider quelqu'un qui ne veut pas être aidé, si leur mental subconscient travaille constamment contre toutes les mesures constructives que vous prenez pour les orienter dans la bonne direction. Il est parfois difficile de se retenir d'agir auprès de membres de la famille, d'amis et de personnes qui vont mal et ont l'air d'avoir besoin de votre aide. Il sera néanmoins plus sain de les laisser se débrouiller un moment, surtout s'ils ne semblent pas être ouverts à une quelconque aide extérieure.

Lorsque leurs malheurs et leur stagnation ne leur conviendront plus, ils s'activeront, avec ou sans l'aide de leur entourage.

Ceci ne signifie pas nécessairement qu'ils sont en mesure de tout changer en utilisant leurs propres ressources, mais ils seront plus réceptifs à votre offre de soutien lorsqu'ils auront clairement indiqué qu'ils sont prêts à le recevoir.

L'Ouverture

Il est impossible d'être très réceptif sans manifester une ouverture au monde, aux nouvelles façons de penser et aux opinions d'autrui. Il est parfois difficile d'acquérir de nouvelles connaissances ou de s'ouvrir à des relations mues par la compassion lorsque ce désir vous prend par surprise. Cela pourrait alors se traduire par un comportement maladroit, rarement un véhicule de positif.

Être ouvert au monde et aux autres ne signifie pas que toutes les vérités de votre entourage deviennent forcément les vôtres. Triez les informations qui vous parviennent et n'en retenez que celles qui vous semblent utiles et fiables.

Par exemple, si vous ne vous montrez pas ouvert envers votre compagnon ou vos proches, ne vous attendez pas à être invité dans leur sphère personnelle, puisque vous ne montrez aucune volonté de les laisser pénétrer la vôtre. Les signaux que vous émettez vous reviendront toujours.

À la suite d'une AuraTransformation™, votre charisme personnel est transformé ; vous émettrez des signaux d'ouverture, si c'est ce que vous recherchez, même si l'ouverture n'était pas l'une de vos caractéristiques personnelles auparavant. Le fait d'utiliser votre volonté de façon délibérée vous permettra d'élargir votre perception du monde.

L'Honnêteté

L'honnêteté est souvent un concept difficile à gérer, puisqu'elle a tendance à être douloureuse pour les personnes qui ne souhaitent pas voir la vérité. Il est parfois préférable d'éprouver une peine momentanée, plutôt que de découvrir après vingt ans de vie commune que votre compagnon, vos enfants ou vos proches n'ont pas exprimé leurs perceptions et opinions vous concernant, de peur de vous blesser.

Tant d'enfants s'efforcent d'enseigner à leurs parents et autres adultes de leur entourage qu'il suffit de se faire confiance pour progresser vers plus d'honnêteté à pas de géants. C'est ce qui se produit, par exemple, lorsqu'un enfant de quatre ans déclare tout haut qu'il n'a pas trois ans, l'âge limite pour une entrée gratuite au zoo, à la grande honte de ses parents. La journée leur coûtera peut-être plus, car ils devront payer l'entrée au zoo, mais imaginez les retombées d'une malhonnêteté chronique, même minime, quinze ans plus tard.

Les secrets et la dissimulation sont créés par les adultes pour dissimuler tout comportement inapproprié. Trop souvent, cette tendance déteint sur leurs enfants, qui adoptent ces stratégies de dissimulation et autres comportements problématiques dès l'enfance. Dans certaines familles, l'honnêteté est devenue un véritable problème.

Avec la nouvelle aura, il devient très difficile de se mentir. Parfois, l'effet est si sévère que vous tombez malade chaque fois que vous acceptez de participer à quelque chose qui ne vous convient pas à un niveau profond. Vos pensées et votre corps coopèrent beaucoup plus étroitement qu'auparavant. Des maux d'estomac ou de gorge pourraient bien devenir chroniques si vous choisissez continuellement d'ignorer vos signaux.

Si au contraire, vous êtes pleinement conscient que vous êtes en train d'entreprendre quelque chose qui dépasse vos limites habituelles, ce qui peut arriver à tout le monde de temps à autre, il vous sera possible de mobiliser des ressources supplémentaires pour la durée du projet, sans courir le risque de vous épuiser.

Vous devrez peut-être vous reposer ou vous ressourcer en profondeur après, pour corriger le déséquilibre qui aura été provoqué. De même que vous devez être honnête envers vous-même en posant des limites, vous devez l'être pour ce qui est de vos besoins personnels.

Le Désir d'aider les autres

Le désir d'aider est souvent transformé à la suite d'une Aura-Transformation™. Vous ne réagirez plus automatiquement aux appels à l'aide inconscients émanant de votre entourage. En faisant savoir que les gens doivent oser demander votre aide et vos conseils, vous les obligerez à choisir leur propre chemin de vie en conscience. Ce qu'ils souhaitent et les personnes qu'ils souhaitent consulter lorsqu'ils ont besoin d'aide deviennent évidents pour tous. Il se peut qu'ils préfèrent être conseillés et guidés par des personnes autres que celles qui proposent leur soutien sans y avoir été invitées.

De nombreux adultes ont trop de fierté pour demander de l'aide, et interprètent mal l'aide proposée par leur famille, leurs amis ou collègues. En ne demandant pas d'aide, ils peuvent avoir l'impression de conserver plus de pouvoir sur leur vie, même si le pouvoir que l'on a sur notre vie ne peut être mesuré en fonction de l'aide que nous acceptons !

Il arrive qu'une personne offre une « aide » non sollicitée, détériorant rapidement la relation entre l'aidant et la personne aidée. Souvent, la personne qui entretient un besoin caché de soutien trouve une raison assez triviale pour se détacher de cette « aide » et se dirige vers une personne plus à même de répondre à leurs besoins.

On en revient à l'adage « qui se ressemble s'assemble »… jusqu'à ce qu'ils s'éloignent l'un de l'autre.

Les Relations interpersonnelles

L'Amour

On entend bien des choses par « amour », alors qu'il s'agit avant tout d'un état intérieur profond, semblable au sentiment de liberté, qu'une personne nourrit à l'égard d'une autre, d'un animal, de la nature et de toute chose vivante.

On peut donc aimer son compagnon, sa famille, ses enfants, mais aussi son meilleur ami, son chien, chat ou perroquet, ou son ex-compagnon, d'ailleurs. La différence est que vous ne les aimez pas tous de la même façon.

Vous pouvez aussi aimer l'endroit où vous vivez et vous promener dans les bois, et ainsi de suite.

Aimer quelqu'un ou quelque chose vous donne aussi quelque chose en retour, car vous vous sentez nourri et empli de joie en étant en compagnie de certaines personnes ou vous trouvant à certains endroits. Souvenez-vous que ce n'est pas parce que vous aimez quelqu'un que cette personne a le droit de contrôler votre vie et vos actions. Posez des limites claires dans vos relations.

Soyez réaliste dans vos relations interpersonnelles, sans quoi vous pourriez rapidement devenir esclave ou un souffre-douleur. Nous savons tous à quel point il est parfois tentant de laisser faire certaines choses par quelqu'un d'autre, au lieu de mettre la main à la pâte. Les personnes très aimantes en font souvent beaucoup trop pour leur entourage sans jamais recevoir quoi que ce soit en retour. Leurs relations interpersonnelles sont souvent déséquilibrées.

Avec la nouvelle aura, vous pourrez protéger votre amour du monde extérieur tout en mettant en place vos propres frontières externes. Il devient alors possible de dire oui et non en éprouvant le même sentiment agréable, car vous aurez une meilleure acceptation de vous-même et vous vous aimerez davantage.

Les Relations familiales

En famille – qu'elle soit petite ou grande –, il s'agit de faire en sorte qu'un ensemble fonctionne de façon optimale. Une famille est composée de plusieurs personnes, chacune devant être accueillie en fonction de besoins individuels, qui sont malheureusement souvent oubliés au nom du tout.

Après une AuraTransformation™, la plupart des adultes n'hésitent plus à choisir des activités avec certains membres de leur famille plutôt que d'autres, tant que cela n'entraîne pas d'injustice flagrante envers un frère ou une sœur plus jeune. Les membres d'une même famille ne s'apprécient pas de façon égale, ne partagent pas toujours les mêmes intérêts ni les mêmes besoins. C'est quelque chose qu'il faut prendre en compte.

Ce n'est pas parce que vous faites partie d'une famille que vous êtes obligé de vous aimer. Vous choisissez vos amis tout au long de votre vie en fonction de vos désirs et de vos besoins, mais vous naissez dans une famille et ne pouvez donc pas faire un choix informé. Du moins, pas au cours de votre incarnation.

L'idée d'une famille parfaite, dans laquelle on fait tout ensemble est un rêve courant, et peut être très nuisible, en particulier pour les enfants, qui apprennent à vivre selon des règles et des normes privilégiant un groupe plutôt que l'individu.

Il se peut que les enfants aient envie de dormir chez leurs copains le week-end, que le père préfère aller à un match de foot avec ses amis au lieu de rester à la maison autour du repas dominical pour maintenir une certaine image de la famille. Au lieu d'être une contrainte, ils pourraient privilégier le repas dominical de temps en temps, lorsque cela fait plaisir à tout le monde. Une socialisation forcée a souvent pour conséquence des tempéraments très égocentriques, dès que la personne échappe à l'emprise contrôlante du groupe.

Il en va de même pour l'expédition du vendredi soir au supermarché... pourquoi obliger tout le monde à y aller, alors que cela prend du temps et qu'il y a sûrement quelque chose de plus intéressant à faire ? Pourquoi ne pas envisager que l'un des parents passe un bon moment avec ses enfants, comme le font de nombreux parents divorcés, sans la présence obligatoire de l'autre parent ? Chacun contribue quelque chose d'unique à travers la camaraderie et l'intimité. Sous cet angle, le père et la mère ont des façons souvent très différentes d'être avec leurs enfants, et cela s'exprime beaucoup plus clairement en l'absence de l'autre parent.

Les enfants adorent les moments qui leur donnent un temps concentré en tête à tête avec leur père ou leur mère, au lieu de toujours être flanqué des deux parents.

Avec la nouvelle aura, vous devenez plus conscient de vos besoins, mais aussi des besoins respectifs de votre compagnon et de vos enfants, vous portez un regard différent sur tout. Peut-être que cela ne semblera pas convenable au regard des voisins, mais que vous importe-t-il, tant que votre famille est heureuse ? En fin de compte, il s'agit d'accorder votre équilibre à celui de votre famille, plutôt que de vous adapter à des idéaux externes.

Élever des enfants

En ce qui concerne l'éducation de jeunes enfants, il faut distinguer plusieurs types d'auras chez ces enfants. Vous trouverez plus d'informations concernant les auras en vous référant aux chapitres précédents, *Les Enfants Indigo*, *Les Enfants Cristal* et *Les Enfants transitionnels*.

Les enfants Indigo auront tendance à se brûler ou à faire des chutes de très haut avant d'apprendre qu'ils feraient mieux de se tenir à distance du grille-pain, de plaques électriques ou de bougies, et qu'ils doivent se cantonner à escalader des sommets d'où un adulte pourra les secourir, si nécessaire. Autrement, attention aux coupures et aux éraflures.

Les jeunes Indigo apprennent surtout en testant les choses eux-mêmes et sont peu réceptifs aux conseils de leurs parents.

La difficulté à respecter une limite, si caractéristique d'enfants Indigo, est souvent un problème lorsqu'un équilibre entre les personnes qui entourent ces enfants fait défaut. Les enfants Indigo ne peuvent fonctionner dans un cadre déséquilibré. Ils sont à l'opposé des enfants forcés à être bien élevés des générations passées, qui apprenaient dès le plus jeune âge à faire contre mauvaise fortune bon cœur.

Façonnés par leur éducation, de nombreux adultes ont appris à accepter les déceptions de la vie, en particulier dans le domaine des relations, et ne se rendent pas toujours compte que quelque chose ne va pas. Leurs frontières personnelles seront donc souvent enfreintes par les enfants Indigo, qui n'acceptent en aucun cas cette façon d'être.

Les parents qui fonctionnent toujours avec l'ancienne aura doivent puiser dans leurs ressources pour apprendre à gérer et à éduquer ces jeunes si vifs, directs et honnêtes.

Cependant, dès que la nouvelle énergie est intégrée dans la conscience suite à une AuraTransformation™, il devient plus facile de se mettre au diapason de ces jeunes et de leurs réactions. Il devient même possible de participer à leur comportement extrême et anarchique de temps à autre, car vous connaissez désormais vos limites.

En tant que parents d'enfants transitionnels, qui naissent avec un mélange d'aura Indigo et d'aura d'âme, vous devez régulièrement modifier votre façon de présenter vos conseils, car votre rôle auprès de ces enfants n'est plus éducatif. Les jeunes de ce groupe d'âge fluctuent souvent d'un état vulnérable à une prestance extrêmement agressive. Ils n'arrivent pas à trouver un équilibre intérieur et ont par conséquent plus de mal à contrôler leurs personnalités que les jeunes dont l'aura Indigo ou de Cristal sont pleinement intégrées. Un réglage de l'aura ou une AuraTransformation™ légère seront des aides précieuses pour régler ce problème d'équilibre.

Les parents concernés par ces jeunes en léger déséquilibre pourront aussi envisager une AuraTransformation™ pour les aider et les soutenir de façon adaptée. Ceci aura l'avantage de réduire le fossé potentiellement vaste entre les générations.

Les Relations de couple

Si vous envisagez une AuraTransformation™ en étant en couple, vous vous doutez que votre compagnon ou votre compagne se retrouvera à des kilomètres de vous en ce qui concerne son approche de la vie, à moins qu'il ou elle n'ait aussi reçu une AuraTransformation™. Votre approche de la vie est en effet très différente selon que vous ayez l'ancienne ou la nouvelle aura. Il est donc préférable que les deux compagnons intègrent leur nouvelle aura à peu près au même moment.

L'AuraTransformation™ aura une influence positive sur votre couple dans la mesure où les caractéristiques personnelles de chacun sont renforcées. L'honnêteté, l'ouverture, l'amour, le pouvoir d'attraction, etc. seront consolidés pour le plus grand bien du couple, renforçant vos liens.

Si au contraire, le couple connaît des problèmes, la décision de rester ou non en couple sera plus facile, car il deviendra laborieux de continuer sur la base d'un avenir qui ne fait que perpétuer un mensonge.

Le Couple et la sexualité

Votre vie sexuelle est probablement l'expression de votre couple qui bénéficiera le plus de l'AuraTransformation™. La nouvelle aura confère un magnétisme beaucoup plus puissant aux deux membres d'un couple, s'ils ont tous deux reçu une AuraTransformation™. Si leur attirance est toujours mutuelle au quotidien, ils pourront naturellement l'exprimer à travers leur sexualité.

Le couple peut au contraire se séparer s'il n'éprouve plus aucune attirance. Pour la plupart des gens, une AuraTransformation™ mettra l'accent sur l'aspect intime de leur couple, car il devient impossible d'ignorer les besoins du corps et les désirs personnels.

Les frustrations sexuelles auront tendance à être éliminées, car l'intensité et le niveau énergétique entre les partenaires augmenteront, faisant disparaître le besoin qu'éprouvent certains d'épanouir leur sexualité en dehors de leur couple. Après tout, s'ils sont gâtés à la maison, l'envie de festoyer ailleurs est réduite.

La Jalousie

La jalousie est un phénomène qui est principalement généré chez les personnes qui ne font pas suffisamment confiance à leur rôle auprès de leur partenaire ou d'autres relations. En outre, ce sentiment est souvent accompagné d'un phénomène de restriction interne et unilatérale, surtout s'il est incontrôlable. La jalousie est assez courante à tous les âges.

Si une de vos relations était déjà rongée par une forme de jalousie, ceci ne manquerait pas de changer à la suite de l'AuraTransformation™, s'inscrivant dans toutes les autres transformations que vous remarquerez. Personne n'a plaisir à être épié par un partenaire méfiant. Il conviendra donc d'établir une communication et une clarté fluide et des limites avant d'aborder ce sujet.

Pourquoi auriez-vous envie de rester en couple si vous ne faites pas entièrement confiance à votre compagnon ? Si vous ne pouvez pas lui faire confiance, c'est l'occasion de réévaluer la relation et votre engagement, voire d'envisager une rupture définitive.

La structure énergétique de la nouvelle aura met en lumière nos besoins. Vous devez évidemment joindre le geste à la parole : si vous posez des règles quant à la fidélité, vous devez aussi vous engager à être fidèle. Une fois ces règles établies, votre relation reposera sur une base plus solide.

Au minimum, votre couple devrait nourrir une confiance mutuelle. En contrepartie, vous ne pouvez pas faire pression sur votre partenaire pour qu'il ou elle soit constamment d'accord avec vous. Il faudra faire preuve de bonne volonté et espérer que votre partenaire répondra à vos attentes. Autrement, il ne vous restera plus qu'à rompre aussi vite que possible, même si cela vous blesse profondément. Une peine intense sur une période relativement courte sera toujours préférable à une souffrance diffuse à long terme.

Les Relations professionnelles

Dans un environnement professionnel où une majorité ou tous les collaborateurs ont reçu une AuraTransformation™, l'atmosphère de travail est souvent plus honnête que dans un environnement professionnel n'ayant pas bénéficié de cette transformation.

Cela peut être observé tant au niveau de la direction qu'à celui des employés.

Après une AuraTransformation™, il devient plus difficile de garder ses opinions pour soi. C'est comme si une vague de vérité venait s'abattre sur la société, augmentant le niveau d'engagement et générant un rythme et des efforts soutenus. Du point de vue de la direction, cette période sera excellente pour gérer tout problème potentiel de coopération.

Mais si certains employés restent mécontents de leurs conditions de travail, malgré diverses initiatives et changements positifs, ne vous attendez pas à ce qu'ils restent longtemps après leur aura-transformation. Ceci se révèlera positif pour les deux parties, car la paix sera rétablie, même s'il peut s'ensuivre des problèmes pratiques temporaires à l'issue de démissions et de restructurations.

Le retour sur investissement sera immense du point de vue de l'amélioration de la communication d'une entreprise qui aura investi en une AuraTransformation™ et un suivi équilibrant pour ses employés.

Toute coopération évolue en fonction des attitudes personnelles des employés et de la direction. Il peut être nécessaire de porter un regard nouveau sur tous les domaines de la société afin de trouver de nouvelles solutions pour l'avenir.

Développement de la conscience des Temps Nouveaux

Le Présent

Pour réussir au jour le jour dans vos projets personnels, vous devez vivre dans le moment présent. Le passé est le passé ; à moins que des personnes de votre passé participent aussi à votre présent, ne leur accordez pas trop d'importance. Ce n'est pas la peine de gâcher vos ressources sur quelqu'un qui ne peut éprouver ni savoir ce que vous pensez de lui. Même s'ils le devinent parfois, à quoi cela vous sert-il, si vous ne prenez pas l'initiative de les contacter ?

Le passé et vos souvenirs sont une chose, le présent en est une autre, et l'avenir et vos désirs sont encore autre chose.

Si vous vivez votre vie en vous référant constamment au passé, ou selon une image de l'avenir, et si ni l'un ni l'autre ne sont reliés à votre situation actuelle, vous vivez une illusion, peut-être même un mensonge. Ne vaudrait-il pas mieux reprendre contact avec la réalité ?

Cela ne vous empêche pas de nourrir de grandes visions pour l'avenir ; le fait d'être réaliste et de vivre dans l'instant vous donne le pouvoir d'agir en fonction de ce que vous souhaitez manifester à l'avenir.

La Prise d'initiatives

La prise d'initiatives personnelles et le pouvoir de manifestation sont malheureusement devenus rares, dans la mesure où beaucoup ont perdu la volonté de prendre leur vie en main. Au lieu de cela, on attend que d'autres nous tracent la route et fassent même le travail pour nous, ou encore que Dieu nous ouvre une voie libre d'embûches et de tournants périlleux. C'est une vision pour le moins peu réaliste.

L'amour est la seule quantité d'énergie qu'il nous est donné de contrôler librement sur cette Terre, sans aucun paiement en retour. Où qu'ils se trouvent sur la planète, les adultes sains doivent donc faire un effort pour subvenir à leurs besoins et à ceux de leurs proches.

Beaucoup se plaignent de politiciens et de leur façon de gouverner – et souvent à juste titre –, mais très peu voudraient être à leur place. Les politiciens sont constamment sur la ligne de tir, souvent calomniés par les médias, quoi qu'ils fassent. Ils sont soutenus par une équipe qui tire sur diverses ficelles en vue de satisfaire un maximum d'agences et groupes, tandis que l'homme de paille appâte les votes et récolte des louanges ou des tomates pourries, selon l'humeur du public.

La plupart des électeurs veulent leur part de gâteau et profiter de fonds publics ; ils voteront pour les partis promettant de leur laisser le plus d'argent en poche. Mais quand vient le temps de payer les factures, les électeurs sont aux abonnés absents. « Envoyez donc la facture aux personnes qui sont trop riches ! » « Pourquoi devrais-je payer, moi ? »

Peu importe les promesses prononcées lors de discours électoraux, je doute très fort que Dieu ait prévu qu'une poignée de personnes gagnant bien leur vie soit obligée de soutenir une multitude de pauvres. Si vous désirez avoir beaucoup d'argent et de ressources, qu'elles soient personnelles ou matérielles – vous devrez y contribuer vos efforts et vos idées.

Il arrive encore que des gens soient battus à mort en raison de leurs convictions et c'est évidemment une approche abominable ; il existe toujours des solutions non-violentes, même si elles ne sont pas apparentes à première vue. Seuls de rares citoyens très actifs s'engagent profondément dans des problématiques qui n'appartiennent pas à leur univers quotidien ; ils ne luttent pas autant pour leur pays ou pour le maintien de leur propre culture, comme on le voit dans certaines sociétés plus primitives.

Les gens sont généralement indifférents aux injustices et à la cruauté qui les entoure, tant qu'ils ne sont pas personnellement touchés.

Avant de monter aux barricades, ils doivent se sentir particulièrement affectés par une injustice ; trop souvent, les choses doivent tourner très mal pour qu'ils se réveillent et prennent action.

Beaucoup s'exposent à toutes sortes de visions désagréables au quotidien, via les journaux et la télévision, sans pour autant essayer de changer quoi que ce soit. Le problème n'est pas le leur, mais celui de leurs voisins ou de quelqu'un d'autre, qui l'auront mérité, selon eux. Combien d'agressions sexuelles d'enfants innocents auront lieu avant que quelqu'un ne se réveille et trouve un moyen de mettre en place des frontières visibles et permanentes pour les personnes ne sachant pas établir ces limites elles-mêmes ?

À la suite d'une AuraTransformation™, vous ne tolérerez plus aucune injustice ou transgression de limite. Vous aurez soif d'action et ne vous contenterez plus de penser à tout ce que vous avez envie de faire. Vous aurez des envies soudaines et incontrôlables de faire ce que vous pouvez là où vous pouvez avoir une influence positive, de sorte que du jour au lendemain, vous pourriez vous retrouver engagé dans des sujets qui auparavant n'étaient pas du tout de votre ressort.

Grâce à votre nouvelle aura, vous serez plus courageux, votre sens de la responsabilité sera plus développé. Vous serez donc en mesure de vous engager avec plus de détermination dans votre travail ou d'autres projets intéressants ; vous ne pourrez pas vous empêcher d'y participer. Grâce à leurs réserves d'énergie immenses, il arrive que certains abandonnent des relations ou des circonstances importantes simplement pour atteindre leurs objectifs plus rapidement.

Par exemple, il leur arrivera d'accepter des conséquences que d'autres n'auraient jamais tolérées, pour faire fortune. Il se peut qu'ils aient payé le prix fort au niveau personnel pour leur salaire élevé, sans que leur entourage les envie pour autant. La vie revient toujours à une question de choix !

L' Intuition

L'intuition est notre sixième sens ; elle comporte des observations logiques auxquelles nous aboutissons par le biais de nos cinq sens – la vue, l'ouïe, l'odorat, le goût et le toucher.

Lorsque vous utilisez votre intuition, vous prenez en compte des éléments que vous percevez grâce à vos réflexions rationnelles dans une situation donnée.

Votre intuition peut revêtir plusieurs formes, mais le plus souvent, il s'agit de voir des circonstances ou des événements en esprit avant qu'ils ne se produisent. C'est comme si vous connaissiez par avance le déroulement spécifique d'événements.

L'intuition est aussi une capacité perfectionnée à détecter des signaux divers émanant de votre corps ou de votre entourage, comme un instinct spirituel vous conduisant à des relations et à des contextes donnés. Souvent, vous « savez » que certaines choses ont un sens, même si d'autres essayent de vous convaincre qu'il en est autrement. Il est donc très important d'écouter votre voix intérieure, autant que vous écoutez ce que l'on vous dit, si ce n'est plus, par moments.

Les impulsions qui vous permettent de détecter des signaux sur vos relations ou vous signalant qu'il pourrait être bénéfique de faire les choses différemment, proviennent de l'énergie de l'esprit dans la nouvelle aura, où se situe l'intuition.

Dans la nouvelle aura, l'intuition devient beaucoup plus forte qu'il n'était possible dans l'aura de l'âme, où le corps énergétique se situe plus loin du corps.

Intuition et éthique

L'intuition est la capacité à quitter notre propre aura ou notre conscience pour nous orienter en fonction de l'éventail de relations et de situations humaines qui nous entourent. Vous atteignez les étages les plus élevés de votre tour énergétique, de façon à jeter votre regard sur l'horizon et bénéficier du meilleur aperçu humain.

Que voyez-vous du haut de votre tour ? Où se trouvent ceux qui vous sont le plus proche et le plus cher ? Que captez-vous de leurs pensées, sans bien sûr aller fureter dans leur mental ? Il est absolument défendu de se déplacer dans l'aura et la conscience de quelqu'un d'autre et d'y jeter un coup d'œil sans avoir obtenu l'autorisation de la personne concernée.

Si quelqu'un veut une interprétation de son aura et de sa conscience pour obtenir des informations sur leurs relations personnelles, il leur faut contacter un clairvoyant.

Notre aura constitue notre corps mental et tout comme le corps physique, personne ne veut qu'un inconnu ait un accès libre à leur corps sans avoir demandé leur permission.

Lorsque vous vous déplacez dans votre conscience, si vous sentez qu'une information concernant quelqu'un fait surface sans que cela vous concerne, renvoyez immédiatement les pensées à leur propriétaire ou portez vite votre attention sur quelque chose d'autre.

C'est la chose éthiquement correcte à faire.

Ce n'est que lorsque vous sentez nettement que quelqu'un est en détresse et lance un appel à l'aide à un niveau inconscient que vous pouvez vous autoriser à les contacter directement. Agissez toujours prudemment dans ce type de situation, en veillant à ce que la personne ne se sente pas obligée de répondre à vos questions si elle ne le souhaite pas – un coup de fil est souvent préférable.

Peut-être la personne ne se rend-elle pas compte qu'elle a envoyé des signaux de détresse via leur conscience et leur aura et peut-être son cerveau n'a-t-il pas encore reconnu l'étendue des problèmes.

Beaucoup de passants ont cette habitude de regarder dans les fenêtres, mais c'est tout autre chose d'ouvrir la porte et de pénétrer chez les gens sans y être invités, ou de pirater un ordinateur juste parce que vous en avez la possibilité ou par curiosité. Ce sont des intrusions illégales.

Il vous est peut-être donné de constater que quelqu'un vit dans un chaos absolu, mais cela les regarde, tant que cela ne génère aucune répercussion négative sur leur entourage. C'est à eux de vivre dans le désordre de leur vie quotidienne.

Vous pourriez faire des allusions, leur dire que ce serait une bonne idée de ranger un peu, ou même proposer de les aider à un grand rangement. Même si vous êtes très perturbé en remarquant les déséquilibres qui se jouent autour de vous, n'oubliez pas que leur vie leur appartient.

Tout le monde est différent et a des besoins différents.

Utiliser son intuition

Si vous voulez vous servir activement de votre intuition, il est très simple de lire votre entourage. Il convient avant tout d'entretenir une attitude positive envers le concept d'énergie, surtout lorsque l'attitude ou l'expression d'une personne indiquent clairement son ressenti, son intention ou ses pensées.

Vous pourriez commencer par repérer des choses relativement simples : comment vous sentez-vous physiquement lorsque vous êtes avec quelqu'un ? Avez-vous mal à la tête ou l'estomac noué ?

Comment vous sentiriez-vous si vous aviez vous-même mal à la tête ou l'estomac noué, ou encore si vous vous sentiez sous pression, heureux ou triste ?

Quelles informations tirez-vous de votre ressenti concernant ce que cette personne éprouve ?

Si ces signaux physiques ne sont pas les vôtres, ils disparaitront dès que vous vous éloignerez de la personne.

Si vous ne vous fiez qu'à ce que vous entendez et voyez, vous passerez souvent à côté de nombreux détails sur vous-même et votre entourage. Ce n'est pas parce que vous avez besoin de vous immiscer dans les relations personnelles de votre entourage ou de résoudre leurs problèmes, mais pour montrer plus de compassion au travail, dans votre couple ou avec vos enfants, votre famille, etc.

C'est toujours une bonne idée de regarder votre situation immédiate ainsi que l'avenir possible de votre couple ou de votre situation professionnelle, mais au niveau intuitif, il est défendu de regarder le présent et l'avenir de quelqu'un d'autre sans leur accord, si vous ne participez pas directement à la situation ou à leur avenir.

Vous pouvez par exemple interpréter l'attitude de votre patron et de vos collègues envers vous et vous autoriser à ressentir où ces personnes se positionnent par rapport à vous, s'ils vous apprécient ou non, s'ils sont satisfaits de votre travail personnel ou professionnel.

Il vaut mieux ne pas apprendre trop tard que votre patron est mécontent de votre travail, même s'il ne l'a pas clairement exprimé ; ce sera particulièrement désagréable si vous avez le temps de rectifier le tir à temps, pour ne pas être renvoyé.

En utilisant activement votre intuition, vous êtes en mesure de changer les choses dans votre camp, en espérant que cette amélioration sera transmise à la situation globale.

Certaines personnes sont capables de développer leur intuition au point de devenir clairvoyantes, de façon à aider les autres à approfondir leurs connaissances humaines et spirituelles et obtenir des réponses à des questions personnelles.

Dans l'énergie Cristal, la différence entre l'intuition et la clairvoyance n'est plus aussi grande. Ceci est dû à la nature relativement non structurée de cette énergie. Par conséquent, les couleurs, formes, symboles, les sons, parfums, images, etc. ne rentrent pas dans l'équation lorsqu'une personne Cristal met en pratique sa clairvoyance. Les images, couleurs, etc. sont du ressort exclusif des temps anciens, quand les énergies humaines se trouvaient au niveau de l'âme et étaient très denses et compactes ou vibraient à une fréquence très faible. Dans l'énergie des Temps Nouveaux, lorsque l'esprit vient se loger dans le corps, vous savez tout sans nécessairement y accoler des mots ou des images précises.

Une Vue d'ensemble

Le fait d'avoir une vue d'ensemble revient à savoir suivre nos pensées tout en étant en mesure de gérer le déluge d'impressions extérieures. Avec la nouvelle aura, il devient possible d'avoir une vue d'ensemble définitive.

Si elle semble faiblir, demandez-vous à quel point vous souhaitez vraiment contrôler la situation. Presque tout est une question de libre arbitre, dans la vie. Il y aura toujours des personnes qui prospéreront mieux en évoluant dans une vie, des pensées, une maison, des relations intimes et une vie quotidienne désordonnées. Acceptons que ce soit ce qu'elles souhaitent vivre.

Lorsque vous avez une AuraTransformation™ et passez de l'ancienne aura à la nouvelle aura, de façon figurative, un plus grand « disque dur » de votre conscience est installé dans votre tête, laissant davantage de place pour le passage de pensées, si nécessaire. Dans l'aura de l'âme, la conscience n'avait pas assez de place pour jouer. Ce manque d'espace vous obligeait à catégoriser certaines pensées à une priorité moins importante pour laisser de la place aux nouveautés. Ce n'est donc pas étonnant qu'il nous arrive d'oublier même les choses les plus évidentes : nos idées étaient forcées au fin fond de notre mémoire ou nous sortaient de la tête pour faire de la place.

Le fait d'avoir une vue d'ensemble est très lié à l'intuition, car personne n'est capable d'être à la fois concentré et attentif tout le temps. Même les hommes et les femmes les plus forts et les plus puissants ont besoin de repos et de sommeil. Puisqu'il est impossible d'être partout en même temps, ils utilisent leur intuition et écoutent leur voix intérieure – ils le font tout en écoutant les conseils concernant leur vie quotidienne. Le subconscient capte des choses qui n'ont pas été prononcées, mais l'impact du non-dit est mille fois plus puissant que tout ce qui se trouve à l'ordre du jour visible. Si vous réussissez à allier les faits externes avec ce que vous glanez via votre intuition, vous poserez une base solide pour une vue d'ensemble sur votre vie.

Si l'ordre règne dans votre vie courante et votre environnement extérieur, il sera beaucoup plus facile d'avoir une vue d'ensemble que si tout est en désordre. Achetez un gestionnaire de temps ou un calendrier pour ne pas perdre de vue vos rendez-vous quotidiens. Vous pourriez noter tous vos souhaits pour l'avenir au lieu de les trimballer dans votre tête. Cela vous donnerait un meilleur aperçu de vos véritables objectifs, tout en vous permettant de détecter les réglages nécessaires en cours de route.

La Méditation

Il est assez courant que les adultes dont l'aura vient d'être changée arrêtent assez vite de méditer. Avec la nouvelle aura, ils n'ont plus autant besoin de visiter la partie externe de leur conscience pour y puiser l'énergie nécessaire pour gérer leur vie quotidienne, comme ils le faisaient avec l'ancienne aura.

Toute l'énergie d'esprit dont ils ont besoin est désormais librement accessible, juste en dehors du corps physique. Il s'agit tout simplement de laisser l'énergie pénétrer le corps grâce au pouvoir de la pensée, ce qui se fait en quelques minutes, de préférence dans une atmosphère totalement détendue. De cette façon, il vous reste suffisamment de temps et d'énergie pour vous lancer dans de nouvelles activités.

La Conscience vue sous des angles différents

L'Énergie de l'âme et le karma

On dit toujours qu'il est impossible d'échapper à son destin. Le destin est inévitable ; il est considéré comme étant conservé précieusement dans la structure d'âme de chaque être vivant.

Le concept du *karma* appartient à la structure et aux fonctions de l'aura de l'âme : ce que vous émettez vous revient toujours. Votre rétribution correspond à votre mérite ; les réactions positives ou négatives que vous générez refléteront votre propre attitude envers votre entourage.

Le concept du karma appartient au système de la réincarnation, selon lequel chaque être humain appartient en tant qu'âme individuelle au plan de développement global de la conscience au niveau planétaire.

L'âme, qui correspond au corps éthérique, au corps mental inférieur et au corps astral de l'aura de l'âme, s'est incarnée dans de nombreuses structures et a vécu maintes vies dans une multitude d'ères terrestres. On dit souvent que chaque âme traverse toutes les phases possibles du développement humain, étalées sur de nombreuses vies.

Le problème du concept du karma est que les réactions que vous souhaiteriez avoir en réponse aux actions positives et négatives d'une vie donnée ne se produisent pas toujours au cours de cette vie. Il arrive que les actions bonnes et mauvaises ne s'équilibrent que de nombreuses vies plus tard, quand cela cadrera mieux avec le tableau général de l'humanité. Vous pourriez trouver cela très injuste si vous veillez toujours à émettre des pensées, des sentiments et des actions positives tout au long de votre vie actuelle.

Le concept du karma, qui comporte un temps d'exécution très long, est désormais obsolète pour l'homme moderne souhaitant vivre en accord avec l'influx d'énergie des Temps Nouveaux.

L'Énergie des Temps Nouveaux et le dharma

Dans les Temps Nouveaux, le concept du destin est totalement différent et orienté de façon beaucoup plus positive qu'auparavant. Le destin n'a plus de connotation inévitable et souvent négative, ce n'est plus quelque chose sur lequel on n'a aucune influence.

Dans les Temps Nouveaux, le destin représente le but très spécifique d'un individu dans sa vie, que l'on appelle aussi le *dharma*, et que chacun est appelé à assumer, remplir et/ou atteindre lors de leur passage sur Terre.

Contrairement aux possibilités limitées de développement personnel avec lesquelles naissent les personnes régies par l'âme, les structures auriques Indigo et de Cristal puisent dans leur libre arbitre pour choisir leur chemin, faire du vélo, courir, voler, nager ou conduire pour réaliser leur but prédéterminé et leur destination de vie personnelle. C'est une situation qui exige de la réflexion et nous demande d'accepter les conséquences de nos actions.

Même en étant libre de choisir notre progression, il nous arrive encore de buter sur des retards et des décalages par rapport à ce que nous aurions voulu, car notre entourage n'est pas toujours totalement accordé à notre nouveau point de vue, créant des résistances.

L'intuition sera utile pour résoudre les problèmes futurs découlant de questions de timing. À l'avenir, il deviendra impossible d'éviter le recours à l'intuition si nous souhaitons jouer sur les moments propices au quotidien.

Les enfants Indigo et Cristal et les jeunes Indigo et Cristal de demain n'auront aucune difficulté à intégrer l'intuition dans leur quotidien, mais les personnes souhaitant faire la transition entre l'énergie des temps anciens et celle des Temps Nouveaux peuvent avoir plus de mal pour choisir les circonstances de leur vie, car ils doivent voir plus loin qu'un « chemin unique ».

On peut comparer cette situation à celle du vieux lion, subitement libéré du zoo pour parcourir la savane en toute liberté. Le lion sera certainement grisé par l'occasion de quitter sa captivité, mais comment fera-t-il pour chasser, s'il n'a pas appris à le faire ?

La situation sera beaucoup trop étrange pour la pauvre bête.

Avoir la liberté de suivre le chemin que l'on souhaite et d'explorer les opportunités qu'il présente est une perspective enivrante, mais si vous n'êtes pas à 100 % heureux, elle peut être vécue comme une expérience difficile.

Cette difficulté ne concerne cependant que les personnes dotées de la structure d'âme des temps anciens, où le moindre détail de leur vie était prédéterminé, et à qui l'on présente le choix conscient de ne plus vivre en fonction de leur karma. Les enfants des Temps Nouveaux naissent tous en ayant comme guide personnel un dharma basé sur l'esprit. Ils n'ont pas de karma ; aucun passé trouble issu de vies antérieures ne peut affecter leur vie présente de façon inattendue.

> Les enfants des Temps Nouveaux naissent *libres de tout karma* qui n'est pas la conséquence de leur vie actuelle.

La Tour énergétique

Au moment d'écrire ces lignes, l'humanité est en mesure d'intégrer dans sa conscience personnelle et son aura les cinq dimensions de conscience suivantes en travaillant consciemment sur son développement personnel.

Le nombre de chakras d'une personne varie selon qu'elle ait une aura d'âme, une aura Indigo ou une aura Cristal. Cette section décrit aussi comment la Terre, l'Air, l'Eau et le Feu fonctionnent comme des énergies fondamentales dans les cinq dimensions de conscience dans la tour énergétique personnelle de chacun.

La structure du tableau des dimensions correspond à l'aura humaine et à la conscience spirituelle et peut être comparée à une sorte de tour énergétique dans laquelle nous évoluons, qui aurait des hauteurs et des niveaux différents.

Les hauteurs correspondent à notre capacité spirituelle, correspondant à son tour au dharma et à la mission de vie.

Certains auront une tour peu élevée : ils seront le plus heureux aux étages inférieurs de leur structure ou de leur aura. D'autres prospéreront au sommet, où ils pourront apprécier une vue d'ensemble en paix.

La plupart des gens évoluent aux étages inférieurs et moyens de leur tour énergétique personnelle, ces étages représentant les énergies auxquelles une majorité de la population mondiale peut s'identifier.

Les Dimensions, éléments et chakras de la tour énergétique

5e Dimension — Personne éclairée

FEU — 28. Chakra du cœur
- Aura Cristal
- 1 Chakra du cœur simultanément dans le corps et l'esprit
- Aura spirituelle basée sur la lumière pure et la vérité

> L'esprit est aux commandes et les 3 chakras s'éclairent en un seul chakra. Toute matière et toutes croyances personnelles sont éclairées et se dissolvent. Période de vide et de confusion sans positionnement personnel.

Phase de transition entre l'énergie Indigo et l'énergie Cristal

27. FEU — Chakra du Hara
26. EAU — Chakra du cœur
25. AIR — Chakra pinéal

4e Dimension — Personne centrée sur l'intelligence du cœur

24. EAU — Chakra pinéal
23. AIR — Chakra du cœur
22. TERRE — Chakra du Hara
- Aura Indigo
- 3 chakras reliés au corps spirituel
- Moins d'énergie matérielle

3e Dimension — Personne centrée sur l'amour

EAU
21. Chakra coronal
20. Chakra pinéal
19. Chakra de la gorge
18. Chakra du cœur
17. Plexus solaire
16. Chakra du Hara
15. Chakra racine
- Aura d'âme des temps anciens
- 7 chakras reliés au corps astral
- Énergie d'amour contrôlée par les émotions
- Énergie matérielle

2e Dimension — Personne centrée sur l'équilibre

AIR
14. Chakra coronal
13. Chakra pinéal
12. Chakra de la gorge
11. Chakra du cœur
10. Plexus solaire
9. Chakra du Hara
8. Chakra racine
- Aura d'âme des temps anciens
- 7 chakras reliés au corps mental inférieur
- Énergie d'équilibre contrôlée par le mental
- Énergie matérielle importante

1ère Dimension — Personne centrée sur les choses terrestres

TERRE
7. Chakra coronal
6. Chakra pinéal
5. Chakra de la gorge
4. Chakra du cœur
3. Plexus solaire
2. Chakra du Hara
1. Chakra racine
- Aura d'âme des temps anciens
- 7 chakras reliés au corps éthérique
- Connexion au corps et à la terre, orientée sur la survie
- Énergie matérielle extrême

Voici une brève description des types de personnalités appartenant à chacune des cinq dimensions de conscience :

Les Êtres de la première dimension

Les êtres de la première dimension regroupent surtout les sociétés plus primitives de la Terre, mais on les rencontre aussi dans des communautés plus établies, où on reconnaîtra leur tempérament terrien ; ils seront concentrés sur leurs besoins et leurs possessions.

Les êtres de la première dimension ne font preuve de compassion qu'en échange d'une rétribution financière ou d'un quelconque avantage. Ce sont des êtres axés sur leur survie et uniquement en mesure de s'identifier à des facteurs visibles ou « rationnels ».
Ils ont l'habitude de se battre pour obtenir ce qu'ils veulent et s'épuiseront en échange d'argent ou de biens matériels ; ils n'ont pas peur d'utiliser leur corps pour atteindre leurs objectifs.

Les êtres de la première dimension ont l'aura des temps anciens et ont une énergie extrêmement matérielle et compacte. Ils représentent l'élément Terre dense et comportent sept chakras, qui sont tous reliés au corps éthérique de leur aura. Lorsque la protection corporelle du corps éthérique disparaît avec l'arrivée des énergies de Cristal de la cinquième dimension, il est probable que ces personnes succombent à la maladie, à moins de consciemment suivre l'évolution générale engendrée par les Temps Nouveaux.

Les Êtres de la deuxième dimension

Les êtres de la deuxième dimension sont les plus nombreux sur Terre. On les trouve dans toutes les sociétés établies, où ils mènent souvent des vies assez ordinaires, qu'ils gèrent seuls en tirant le meilleur parti de leurs circonstances.

Les êtres de la deuxième dimension préfèrent ne pas faire de vagues et sauver les apparences. Lorsque quelque chose ne va pas, ils ne le révèlent que rarement, et uniquement dans un environnement où ils se sentiront en sécurité, ou s'ils sont sous l'emprise de l'alcool ou de quelque autre influence. Dans cette dimension, la vérité sort de la bouche des enfants et des ivrognes.

Il s'agit de personnes très axées sur la conformité, que ce soit dans leur couple, leur famille, leur profession ou leur logement ; ils savent que tout a un prix. Quand les choses prennent une certaine tournure, il leur semble évident que quelque chose d'autre doit aller en sens inverse pour rétablir un équilibre. Ils s'intéressent à l'argent et à ce qui peut être acheté ; ils ont conscience de leur propre valeur et auront tendance à ne pas se faire avoir.

Les êtres de la deuxième dimension ont une aura d'âme des temps anciens ; leur énergie est moins matérielle que les êtres de la première dimension. Ils représentent l'élément Air, plus léger, et comportent sept chakras, tous reliés au corps mental inférieur de l'aura de l'âme. Ces êtres estiment avoir trouvé leurs convictions et ne comptent pas en changer sans contrepartie ou à moins que cela soit à la mode. Ils ne progresseront vers l'énergie Cristal de la cinquième dimension par eux-mêmes que s'ils reçoivent un avantage tangible sous une forme ou une autre. Par exemple, ils pourraient être tentés de gagner en popularité ou d'être mieux rémunérés. Autrement, ils préfèrent se retirer de la société pour vivre paisiblement dans un environnement familier.

Les êtres de la deuxième dimension maîtrisent simultanément la première et la deuxième dimension de la tour.

Les Êtres de la troisième dimension

On trouve les êtres de la troisième dimension dans les milieux religieux et spirituels, ou encore dans les modes de vie et thérapies alternatifs. Ils sont souvent psychothérapeutes ou psychologues, urgentistes, etc. dans toutes sortes de sociétés.

Les êtres de la troisième dimension sont mus par un « amour pur » et sont en mesure de se sacrifier pour une cause, leur foi, ou quelqu'un d'autre. Ils sont conditionnés par leurs émotions, qui peuvent entraîner des situations douloureuses dans leurs relations professionnelles ou personnelles. Leur compassion les pousse parfois à devenir trop concernés par la vie et les problèmes de leur entourage.

Les êtres de la troisième dimension ont du mal à vivre leur vie en fonction de leurs propres désirs et besoins. Ils façonnent souvent leur vie sur leur besoin d'aider ou sur des rêves peu réalistes. Dans certains cas, ils développent une dépendance extrême sur des individus spécifiques.

Les êtres de la troisième dimension ont l'aura d'âme des temps anciens, mais leurs énergies sont moins denses que celles de la première dimension et de la deuxième dimension. Ils représentent l'élément liquide de l'Eau et comportent sept chakras, tous reliés au corps astral de l'aura de l'âme. Les êtres de la troisième dimension sont concentrés sur le but de leur vie et sont souvent mus par un désir intense de découvrir leur être véritable.

Il va sans dire que les êtres de la troisième dimension maîtrisent mieux leur dimension que les deux autres dimensions présentes dans leur tour énergétique, mais ils retomberont dans la première dimension, en étant axés sur la survie, si leur raison de vivre ne les inspire pas suffisamment. La deuxième dimension est généralement trop ennuyeuse pour eux ; ils préfèrent les immenses variations qu'apporte l'alternance entre la première et la troisième dimension.

Les Êtres de la quatrième dimension

Les êtres de la quatrième dimension ont une aura Indigo qui comporte une énergie beaucoup moins compacte que l'aura ultra-dense des temps anciens. La caractéristique de l'aura Indigo, comme nous l'avons vu, est que le corps est en contact direct avec le corps de l'esprit qui se trouve dans l'aura autour du corps Équilibre.

Les êtres de la quatrième dimension ont une grande intelligence concernant l'amour, dont les énergies représentent une association forte entre les énergies de la Terre, l'Air et l'Eau des première, deuxième et troisième dimensions. Leur fréquence a été élevée, et leurs énergies sont représentées par trois centres énergétiques puissants : le chakra du Hara, le chakra du cœur et le troisième oeuil.

Les caractéristiques des êtres de la quatrième dimension sont décrites au chapitre principal sur *Les Enfants Indigo*.

Les Êtres de la cinquième dimension

Les êtres de la cinquième dimension ont une aura Cristal, composée d'énergie de l'esprit et de pur Feu. Lorsque ces énergies sont pleinement cristallisées dans le corps, celui-ci adopte peu à peu la même énergie que l'aura, sous une forme physiquement plus comprimée.

Pour accéder à l'énergie Cristal dans la cinquième dimension, les êtres Indigo doivent traverser une longue et difficile période transitionnelle, durant laquelle l'esprit prend le contrôle absolu de leur vie, révélant et dissolvant leur matérialité et leurs anciennes croyances personnelles.

C'est une période qui entraîne une grande confusion, un sentiment de vide et un manque de point de référence personnelle, pendant laquelle l'importance de nombreuses choses change, et tout est bouleversé. L'énergie se déplace à travers les chakras du haut vers le bas à mesure qu'elle tente de regrouper les trois chakras en un seul ; les éléments changent de caractère, transformant les qualités d'origine des chakras.

L'énergie intuitive de l'Eau du chakra pinéal est remplacée par l'énergie de l'Air, donnant d'un moment à l'autre une sensation de vide dans la tête. Cette expérience continue jusqu'à ce que l'état de conscience de la cinquième dimension s'installe de façon permanente.

Le chakra du cœur, qui dans l'énergie Indigo représentait la générosité et l'espace humains par la présence de l'énergie de l'Air, se mêle à l'énergie de l'Eau, désagrégeant votre monde personnel et ses émotions. Soudain, vous ne contrôlez plus votre ressenti ; autant laisser vos émotions suivre leur cours une fois pour toutes pour que l'énergie de votre cœur ait amplement la place de grandir.

Enfin, l'énergie terrienne du chakra du Hara, qui représentait la raison et l'ancrage à la terre, est remplacée par l'énergie du Feu, stimulant votre sexualité et vos désirs. Lorsque ce feu brûle et prend le contrôle de votre système, vous ressentez une pression intérieure irrésistible vous incitant à vous lancer dans ce qui vous tente.

Les caractéristiques des êtres de la cinquième dimension sont décrites au chapitre principal sur *Les Enfants Cristal*.

Les êtres de la quatrième et plus particulièrement de la cinquième dimension peuvent toujours monter et redescendre dans l'ascenseur de leur tour énergétique, leur permettant de retrouver leurs amis, les membres de leur famille, collègues, clients et autres qui se trouvent sur d'autres niveaux.

N'oublions pas qu'il y a une différence entre pouvoir maintenir une souplesse de conscience et s'y sentir à l'aise.

Il incombe à chacun d'identifier le niveau énergétique de sa tour énergétique où il est le plus à l'aise, au lieu d'avoir à grimper et à redescendre pour constamment s'aligner aux énergies de son entourage.

La souplesse est une belle qualité, mais il est préférable de ne pas en abuser, à moins que cela ne soit l'un des buts essentiels que vous souhaitez réaliser dans votre vie. Réintégrer votre niveau nécessite du temps et de l'effort ; ces aller-retour dans l'ascenseur énergétique pourraient vous empêcher de trouver votre paix intérieure.

L'Éveil de la conscience

Tout peut être mesuré en fonction des efforts et des capacités que nous mettons en avant. Il y aura à l'avenir tendance à séparer les enfants et les adultes en deux groupes – *ceux qui ont la volonté et/ ou les capacités nécessaires et ceux qui **n'ont pas** la volonté et/ou les capacités nécessaires.* Il ne sera plus possible de se mentir ou de mentir aux autres quant aux qualifications personnelles et à l'engagement dans divers domaines.

Heureusement, personne n'est totalement dépourvu de toutes les capacités ; chacun a donc l'occasion de faire progresser sa conscience à son rythme. Petit à petit, le groupe de personnes manquant de volonté et de capacités deviendra plus restreint.

Auparavant, il existait un très important groupe d'êtres « moyens » qui s'alignaient les uns aux autres en matière d'éducation et de travail, et de petits groupes en haut ou en bas de l'échelle qui se démarquaient à l'école ou dans leur profession.

Ceci va beaucoup changer ; les personnes souhaitant progresser dans leur domaine choisi se distingueront clairement de celles n'ayant ni ce désir, ni la volonté pour y parvenir.

Certains viseront le ciel, tandis que d'autres préféreront se détendre chez eux pour le restant de leurs jours. De plus en plus d'esprits libres arriveront sur Terre sous la forme d'enfants des Temps Nouveaux, toujours à la recherche d'une vérité plus globale. La notion de survie en tant qu'élément de contrôle aura moins de prise.

Les enfants Indigo et de Cristal sont beaucoup plus résistants que leurs parents et que les générations qui les ont précédés, leur donnant la capacité de vivre de façon plus intense, sans que cela n'affecte leur physique ni leur mentalité. En réalité, les enfants des Temps Nouveaux ne doivent prendre en compte qu'une seule chose dans la vie pour assurer leur bien-être : ils doivent toujours maintenir le niveau de conscience de leur tour énergétique personnelle, dans lequel ils ont un sentiment d'appartenance. Autrement, ils risquent des déséquilibres internes qui s'étendront rapidement à leur vie, causant du stress, une santé mauvaise et/ou un manque d'équilibre par rapport à leur entourage.

Les parents devront faire l'effort de prendre l'ascenseur pour gravir les niveaux de leur tour énergétique personnelle et s'aligner à leurs enfants. Ceci sera extrêmement stimulant pour leur conscience personnelle et leur équilibre interne.

Bien sûr, les enfants peuvent baisser leur fréquence pour s'aligner au niveau des générations plus anciennes, mais le faire trop souvent n'est pas très sain pour leur équilibre intérieur. C'est un peu ce qui est arrivé à Hamish et Janet, quand ils se sont rendus dans leur village natal écossais, après avoir étudié et travaillé pendant des années à Paris, Londres ou New York. Tout chez eux leur semblait réduit, les opportunités pour les jeunes étaient restreintes alors que ceux-ci voulaient naturellement suivre les dernières tendances. C'est comme si le plafond était trop bas et qu'ils ne pouvaient s'empêcher de se cogner la tête.

Les énergies de leur lieu d'origine semblaient figées par rapport au pouls qui bat dans les villes. Lorsque les jeunes ont l'impression que le temps s'est arrêté en retournant dans leur lieu d'enfance, ils finissent souvent par l'éviter totalement. Les parents veilleront par conséquent à aller en ville pour une visite de musée, un moment dans un café ou une pièce de théâtre, pour partager des aventures avec leurs enfants.

Ce n'est pas que les jeunes évitent leur maison d'enfance parce qu'ils ne veulent pas voir leurs parents. Souvent, c'est tout simplement parce qu'ils s'y ennuient ou ne sentent plus chez eux dans les énergies plus basses que celles de leur tour énergétique.

En choisissant de transformer et d'élargir leur conscience, les parents s'élèvent automatiquement jusqu'à la quatrième ou la cinquième dimension et auront plaisir à rendre visite aux jeunes en ville, qui comporte tant de possibilités pour se développer, au lieu d'insister que les jeunes rentrent au bercail.

Ces adultes élèvent leur conscience et par conséquent la fréquence de leur tour énergétique, afin de mieux s'aligner aux influx d'énergie des Temps Nouveaux. Les jeunes seront ensuite plus enclins à rendre visite à leurs parents, car ils reconnaitront les énergies de la quatrième et de la cinquième dimension et s'y sentiront à l'aise.

Pour la majorité des gens sur Terre, le but est d'augmenter sa fréquence autant que possible, de façon à se concentrer sur l'équilibre holistique et individuel de la cinquième dimension plutôt que sur la survie, caractéristique de la première dimension. Il existe donc un plan de vie pour chacun, afin que la conscience atteigne chaque coin de la planète. C'est précisément pour cette raison que chaque enfant apparu sur Terre dans les années autour du millénaire est né en ayant pleinement intégré dans leur aura les énergies Indigo et Cristal des Temps Nouveaux. Ils sont parfaitement équipés pour façonner le monde de façon positive, lorsque leurs parents leur passeront la gouvernance des communautés de la Terre à l'avenir.

Les Chutes de conscience

Il arrive exceptionnellement que certaines personnes subissent une chute de leurs énergies à la place d'une hausse, ce qui est généralement le but. Ceci concerne particulièrement les personnes ayant intégré des énergies de très haute fréquence dans leur conscience, tout en ayant l'impression qu'elles n'ont pas bien atterri dans leur corps. C'est le cas pour de nombreux adultes dont les énergies n'étaient auparavant pas très visibles pour leurs proches. Auparavant, tout le monde ne pouvait pas voir les étages supérieurs des personnes dont la tour énergétique atteignait les cieux.

Les étages supérieurs de la tour énergétique étaient drapés dans une masse de nuages, empêchant de s'orienter sur l'échelle de la conscience ; il était souvent difficile de s'expliquer ces phénomènes.

Les adultes vibrant à une haute fréquence, mais ne sachant pas qu'ils appartiennent au sommet de la tour énergétique et restant dans la structure aurique des temps anciens sont souvent de nature très spirituelle, mais il leur manque un ancrage suffisamment solide à la Terre. Certains ont même un contact direct avec leurs guides spirituels dans d'autres dimensions et communiquent régulièrement avec eux. Ces contacts sont souvent des communications avec leur propre énergie aux étages supérieurs de leur tour énergétique.

Les personnes ayant l'aura de l'âme auront tendance à écouter leurs proches et les êtres qui les entourent plutôt que leur propre voix intérieure. Ils trouvent libérateur de penser que de grands êtres supérieurs leur parlent depuis leur sommet.

Les personnes vibrant à une fréquence élevée et dotée de l'aura de l'âme auront ce genre d'expérience, jusqu'au jour où les étages supérieurs de la tour seront intégrés dans leurs énergies.

Bien sûr, il est possible d'entretenir un contact physique avec des personnes décédées et des extraterrestres, comme le font de nombreux voyants, mais ce contact a souvent lieu dans des énergies plus terriennes et donc au bas de la tour énergétique, car c'est le seul endroit où il est possible de communiquer avec quelque chose ou quelqu'un ayant une forme physiquement condensée.

Développement global

Nous assistons à la quatrième et à la cinquième dimension aujourd'hui, verrons-nous la sixième demain ?

La sixième dimension est décrite dans mes livres, *The Crystal Human and the Crystallization Process Part I* et *Part II (L'être Cristal et le processus de Cristallisation I + II)*, qui forment la suite de ce livre.

Mais comment se jouera la suite ? Dans quelle mesure l'humanité continuera-t-elle à élargir sa conscience et que devons-nous être préparés à accueillir dans nos systèmes énergétiques à l'avenir ? Pourquoi ce développement continue-t-il ? Quand s'arrêtera-t-il ?

Les questions sont infinies et il y a certainement un nombre illimité d'explications et de réponses sensées et scientifiquement éclairées à chacune d'entre elles, qui sont pertinentes dans certains contextes. Je pense que cette vie nous présente de nombreuses occasions de réflexion, compte tenu des défis et des opportunités que nous rencontrons, du point de vue de la conscience. À l'avenir, nos enfants, petits-enfants et arrière-petits-enfants seront, je l'espère, tout aussi disposés à vivre leur vie dans les meilleures conditions possibles en tenant compte des opportunités qui se présenteront à eux, comme nous l'aurons fait avant eux. Chaque époque a ses charmes et ses défis.

Quel que soit la vitesse de conscience à laquelle nous souhaitons évoluer, certains facteurs généraux s'appliquent toujours, inévitables dans nos choix de vie. C'est pour cette raison que les mêmes occasions d'élargir notre conscience humaine de façon optimale ne se présentent pas partout sur la planète.

Par exemple, autour de l'an 2000, la Scandinavie a connu un influx pur d'énergie d'esprit de la cinquième dimension, et est par conséquent très avancée en matière connaissances liées à l'association entre les énergies spirituelles et corporelles.

La Terre a connu des périodes semblables de grande ouverture de la conscience au cours de l'Égypte et de la Grèce antique, ou au Pérou.

La Différence entre l'esprit et la matière

La *matière* représente la stagnation et l'absence de mouvements divers, l'*esprit* représente le mouvement éternel.

En comparant la structure énergétique des trois structures auriques, l'aura d'âme, l'aura Indigo et l'aura Cristal, on remarque qu'il y a très peu de mouvement ou de souplesse dans l'aura d'âme, davantage de mouvement et de souplesse dans l'aura Indigo et beaucoup de mouvement et de souplesse dans l'aura Cristal. Par conséquent, les enfants et les adultes de demain auront une structure énergétique beaucoup plus mobile que les générations antérieures. Pas dans le sens où plus rien ne sera maîtrisé ou que les communautés perdront leurs structures stables fondamentales. Les peuples de demain auront une façon de vivre et de combler leurs besoins personnels beaucoup plus simples. Tout ce qui est superflu, à savoir les personnes ne faisant aucun effort, les vieux meubles, les bagages encombrants, etc. ne seront pas choisis s'ils entravent le développement personnel des êtres Cristal.

Les générations futures travailleront en toute simplicité pour infuser la matière d'esprit, pour une vie plus fluide. Les êtres Cristal réagissent fortement à tout obstacle sur leur chemin, en manifestant une résistance disproportionnée. Ils se portent toujours mieux lorsque leurs pensées, leurs sentiments et leur façon d'être peuvent être exprimés librement.

> **Le « matériel » n'englobe pas seulement les meubles, les vêtements et l'argent. Il concerne aussi les pensées et les émotions positives et négatives qui sont émises et leur façon d'interagir.**

Les pensées d'une personne peuvent bloquer la réalisation des désirs et des objectifs de vie d'une autre. De même, les pensées positives pourront soutenir la réalisation de bonnes idées.

L'esprit de la structure aurique Cristal de demain se trouve dans le corps plutôt qu'à l'extérieur du corps Équilibre de l'aura, car l'expression spirituelle peut ainsi éclairer notre constituant le plus matériel, le corps.

C'est la façon la plus évidente d'élever les fréquences énergétiques lourdes.

Si la matérialité remontait dans l'esprit dans le cadre du développement de la conscience humaine au lieu de descendre dans le corps comme aujourd'hui, nous perdrions notre lien à la Terre ou nous mourrions, car nous ne pourrions plus relier notre esprit d'énergie sur la Terre.

En perdant contact avec le corps, qui abrite l'énergie matérielle la plus lourde de la planète, il n'est plus possible d'avoir la visibilité nécessaire pour se voir, la vie sur terre devient impossible. Tous les êtres spirituels des différentes dimensions de conscience qui vivent dans les corps de terriens deviendraient invisibles et ne pourraient plus communiquer entre eux au niveau interpersonnel à travers leurs corps.

Si tel était le cas, vous commenceriez à voir des êtres de la première dimension papillonnant près du sol, agglutinés et émettant des grognements. Les êtres de la deuxième dimension papillonneraient en maintenant une plus grande distance entre eux et communiqueraient sur un ton plus léger, tandis que les êtres de la troisième dimension flotteraient plus loin dans l'atmosphère en rentrant et en sortant dans les énergies de leur entourage en aspirant toute impression étrangère comme s'il s'agissait de pur nectar.

Les êtres de la quatrième et de la cinquième dimension se trouveraient au même niveau, près de la Terre, comme les êtres de la première dimension, mais ceux de la quatrième apparaîtraient avec une force et un magnétisme beaucoup plus puissants que ceux de la première et de la troisième.

Les êtres de la quatrième dimension concentreraient leur attention spirituelle sur le chakra du cœur, éclairant leur environnement et risquant même d'être aveuglés par leur propre lumière.

Les êtres spirituels des différentes dimensions de conscience auraient des difficultés infinies à communiquer entre eux à un niveau égal, dans la mesure où c'est la fonction du corps dans le monde visible. Dans le monde visible, les structures corporelles sont toutes presque identiques et correspondent à notre matérialité la plus dense, alors qu'en réalité, notre structure de conscience spirituelle varie énormément.

Sur Terre, les fonctions corporelles sont le point de référence commun.

Après leur mort, certains choisissent même de garder leur conscience spirituelle en contact étroit avec la Terre, bien qu'ils aient perdu leur corps. Ils le font soit parce qu'ils accordent de l'importance à la matérialité de cette planète, soit parce qu'ils sont attachés à certains êtres ou endroits, ou encore parce qu'ils ne sont pas capables de se dédier à l'énergie d'esprit pure qui existe plus loin.

Ces êtres, que l'on ne peut plus vraiment qualifier de personnes, car ils ne peuvent plus s'exprimer à travers leur corps,
peuvent parfois être aidés dans leur développement extrater-
restre global par un clairvoyant astral, qui s'y retrouvera parmi
les relations du niveau terrestre non physique.

**Le côté droit du corps physique correspond à la puis-
sance d'action physique d'une personne dans le monde
matériel ; ce côté est généralement plus dominant chez
les hommes.**

**Le côté gauche correspond à la conscience spirituelle et
à une énergie plus intuitive ; ce côté est habituellement
plus prononcé chez les femmes.**

Lorsque la période transitionnelle entre la quatrième et la
cinquième dimension est complètement réceptive à l'influx
d'énergie d'esprit pur et d'intuition, le cerveau risque de réagir
très violemment, entraînant des douleurs vives. C'est comme si
la tête était sur le point de se décrocher.

Le fait de laisser entrer d'un seul coup une masse de lumière
spirituelle est en fait un processus extrêmement chaotique pour
le cerveau, car la structure et la matérialité doivent laisser la
place à des états totalement déstructurés, qui lui étaient jusque-
là totalement inconnus.

Vous risquez alors d'être extrêmement fatigué, ayant l'impression
que votre cerveau est totalement hors service : le corps doit
subir une adaptation profonde pour être en mesure d'intégrer
la fréquence élevée et l'énergie d'esprit non structurée dans sa
place forte matérielle. L'esprit et la matière sont des éléments
fondamentalement incompatibles qui réussissent par miracle à

fusionner et à donner des opportunités de développement très intéressantes.

Par exemple, la clairvoyance basée sur les images, les couleurs, les formes, etc. appartient aux sphères matérielles inférieures de la tour énergétique ; il est très difficile de maintenir une telle capacité dans les sphères spirituelles du sommet de la tour.

Dans l'esprit, vous avez une connaissance intérieure absolue, sans pouvoir y associer des mots ou des images précises, tandis que les images et les autres facteurs visibles ont une valeur plus importante dans la sphère matérielle plus lourde, plus proche de la Terre, parce qu'ils permettent d'illustrer un état spirituel de façon très concrète.

Dans l'énergie des Temps Nouveaux, tout se déroule beaucoup plus simplement, tant que vous savez régler votre système énergétique de façon à vivre et à travailler dans les nouvelles énergies. Si vous savez vous identifier de façon réaliste à la vie et aux énergies qui vous entourent, tous vos besoins seront continuellement satisfaits à mesure qu'ils surgissent. Vous n'aurez plus besoin d'attirer à vous beaucoup de choses matérielles pour le simple plaisir de les avoir ou de les porter. Il y aura une nouvelle légèreté dans la façon dont les personnes vivront ; tout ce qui vibrera à une fréquence faible n'aura plus d'importance, à moins de soutenir le bien-être de l'esprit dans le corps.

Tout a toujours une signification plus importante, les choses, les personnes et les états émotionnels que nous attirons ont toujours une raison spécifique.

Si l'esprit habite un danseur, par exemple, sa danse semblera particulièrement légère et gracieuse.

Si au contraire, le danseur est pénétré de matérialité, sa danse sera intense et concentrée, et on reconnaîtra qu'il a beaucoup travaillé pour maîtriser son expression corporelle.

Lorsque deux personnes discutent et se montrent ouvertes l'une envers l'autre, l'énergie de l'esprit est immédiatement présente, car leur communication est fluide.

Au contraire, s'ils affichent du mépris ou de l'indifférence, on verra souvent de sombres nuages au-dessus d'eux, formés par leurs pensées négatives. Ces pensées prennent la forme d'une énergie matérielle bloquante qui inhibe la communication entre eux et ne permet qu'une communication fermée.

Ceci est toujours détectable par l'intuition ou le subconscient.

Bien que les oreilles et les yeux ne perçoivent pas l'énergie positive et négative qui circule entre eux, l'esprit capte toujours les signaux et les énergies qui nous entourent. À travers une utilisation consciente de l'intuition et des instincts du corps, nous comprenons clairement jusqu'à quel point il est possible d'entrer en communication avec quelqu'un d'autre et à quel point un interlocuteur aura un penchant positif ou négatif à son égard. Si le rayonnement qui entoure quelqu'un est habité d'espace et d'énergie de l'esprit, il aura généralement une tendance positive, et s'il est plutôt fermé et dense, la personne aura une tendance négative ou ne sera pas réceptive. Vous devrez faire plus d'efforts pour la convaincre. Il faudra par conséquent faire appel à plus de ressources pour parler à une personne matérielle et fermée qu'à une personne spirituellement ouverte.

Utiliser sa conscience de façon constructive

Pouvoirs magiques

Chacun a la capacité de changer sa situation, dès lors qu'il existe la volonté d'adopter des changements positifs. Même si beaucoup de personnes sont incapables d'imaginer cette possibilité, d'autres, pourtant sans caractéristiques extraordinaires, pratiquent la magie au quotidien. C'est généralement le cas des personnes ayant intégré la nouvelle aura, car la magie la plus pure est une utilisation consciente de l'énergie.

Recourir à l'énergie et à la magie dans la vie quotidienne

En pratiquant la magie en conscience dans votre vie de tous les jours, vous créez les conditions que vous souhaitez manifester.

Pratiquer la magie est un jeu d'enfant si vous savez que la puissance de matérialisation et de manifestation est proportionnelle à l'énergie que vous émettez. Faites bon usage de votre énergie, utilisez-la de façon responsable, surtout s'il s'agit d'autrui ; il ne sera évidemment jamais question d'envoyer qui que ce soit dans un trou noir via une fausse pratique de la magie.

L'objectif du recours à la magie ou à l'énergie doit toujours être positif et viser l'équilibre. Si vous manipulez mal l'énergie auprès de proches, ou que vous n'avez pas suffisamment réfléchi à la façon dont vous la manifestez, il faudra réparer les dégâts.

L'art de la magie est d'identifier un besoin avant de déterminer le type d'énergie auquel il faudra faire appel. En magie, seule la pensée est importante. Il n'est pas nécessaire de voir l'énergie ni de visualiser le processus pour que la magie fonctionne.

Il est possible d'influencer toute situation, qu'elle soit personnelle ou mondiale, en envoyant de l'énergie positive depuis l'endroit où vous vous trouvez. Le résultat peut mettre du temps à se manifester, selon la réceptivité des personnes qui reçoivent l'énergie.

Par exemple, si votre sens de la justice est heurté par une situation ou une expérience inacceptable, pensez à diriger votre énergie transformatrice sur les événements pour avancer rapidement vers une solution.

L'énergie ne peut cependant pas tout faire seule, d'où le besoin constant de travail concret et de soutiens financiers dans les zones en crise ne pouvant pourvoir à leurs propres besoins.

Recettes magiques

L'un des arts de la magie est de faire preuve de persistance énergétique et d'agir précisément au moment où « l'adversaire » pense que vous avez abandonné et que vous êtes affaibli. Moins vous donnerez de l'énergie et de l'attention à vos adversaires, plus ils devront avoir recours à leur propre énergie pour vous combattre.

Si vos limites sont transgressées, vous remarquerez immédiatement que le fautif sera absorbé par une flamme pure, comme s'il était réduit en cendres. Aucune parcelle d'énergie ne peut échapper aux flammes de la vérité. Le contexte convenable devient ainsi clair pour toutes les personnes concernées, tout comme il le devient pour les transgresseurs.

De même, toute résistance extérieure est transformée, passant d'une énergie sombre à une énergie bénéfique, lumineuse et joyeuse.

La puissance de vos pensées vous permettra de renvoyer les résistances que l'on vous envoie à l'expéditeur d'origine, le laissant le soin de gérer l'énergie négative dans son propre système.

Si vous souhaitez développer ce travail énergétique en conscience au quotidien, je vous conseille de lire le petit livre de mon mari, *Le petit guide de l'énergie 1*, qui explique ce sujet passionnant sous forme concise.

L'Amour pur

Lorsque vous n'êtes pas à 100 % sûr de certaines situations ou personnes et que vous avez du mal à déterminer s'il vaut mieux utiliser votre énergie limitante ou votre énergie transformatrice, envoyez simplement de l'amour pur vers la situation, la personne ou le groupe. L'énergie sera alors dispensée de la meilleure façon possible, sans que vous ni la personne produisant l'énergie ayez à savoir ce qui a été déclenché par l'établissement de limites ou par les impulsions transformatrices.

L'amour pur est une forme de magie – surtout lorsque cette magie se manifeste entre des personnes liées par un véritable amour. Lorsque quelqu'un ne sait pas recevoir une gentillesse ou des vibrations positives, il fera tout son possible pour vous éviter, ainsi que votre énergie positive.

Les Souhaits

Chaque jour, une abondance de souhaits est envoyée en direction du ciel, avec l'espoir qu'ils se réaliseront le plus vite possible. Une minute, on veut une nouvelle voiture, et la suivante, un nouveau partenaire ou une nouvelle tondeuse à gazon. En vérité, le puits à souhaits se remplit chaque jour d'un peu plus de pièces, chacune étant liée à un souhait plus ou moins grand.

Nous traînons tous une abondance de souhaits personnels ou généraux, ne laissant aucun répit aux pouvoirs supérieurs au rayon des miracles à accomplir.

Si vous souhaitez voir la réalisation d'un souhait spécifique, vous devrez d'abord classer vos souhaits par ordre de priorité, laissant la banquette arrière aux moins urgents. Faites attention à ne pas émettre des souhaits tous azimuts sans en considérer les conséquences, car s'ils étaient comblés en même temps, ils pourraient s'avérer contradictoires.

Dans la mesure du possible, visez votre vie et vos souhaits personnels ; en vous éparpillant et en prenant vos désirs pour des réalités, vous diluez vos efforts. Souvenez-vous que vos souhaits et vos pensées ne concernent pas que vous, ils jouent souvent sur d'autres personnes. Pour qu'ils se réalisent, les personnes concernées doivent partager vos idées. Ordonnez alors vos souhaits et armez-vous de patience, car leur réalisation peut prendre du temps.

Votre entourage peut ne pas partager vos projets de vie, ou avoir besoin d'un temps de réflexion avant de s'impliquer. Il peut au contraire être ravi au départ, avant de poser des exigences ou d'exprimer des souhaits qui iraient à l'encontre de votre proposition d'origine. Dans ce cas, vous devrez adapter vos souhaits et vos projets ou puiser la patience nécessaire, la réalisation de votre souhait pouvant nécessiter plus de temps que prévu. Ce temps pourra sembler très long si le résultat est laissé aux seuls soins des pouvoirs supérieurs, qui devront alors galvaniser les personnes concernées, par le biais de leur intuition.

Il est donc toujours préférable de coordonner vos désirs avec ceux de votre partenaire. Par exemple, si vous visez un monospace pour transporter huit enfants et un chien, il vaut mieux qu'il ou elle ne rêve pas de manifester une jolie petite voiture de sport.

La coopération vous conduira toujours plus loin, surtout en vous identifiant à vos souhaits et en restant réaliste !

Pour manifester des circonstances ou des objets spécifiques, ou si vous désirez de l'argent pour réaliser des objectifs définis, il sera plus efficace d'envoyer le désir pur aux pouvoirs supérieurs, souvent appelés puissance divine, sans aucune condition concernant la façon dont ce souhait sera réalisé. Vous vous assurez une solution optimale, supérieure à celle que vous auriez manifestée en gérant le processus seul.

On en revient à une question de confiance complète vis-à-vis des pouvoirs supérieurs et de leurs actions, puisqu'ils auront une meilleure vue d'ensemble que nous, surtout sur Terre, même si nous sommes aussi intuitifs.

Soyez magicien – d'autres le sont aussi !

Si pratiquer la magie vous gêne, car vous préférez ne pas accéder aux énergies de quelqu'un d'autre pour les faire avancer dans une direction qui ira contre leur libre arbitre, n'envoyez pas ce type de pensée et de manifestation énergétique. N'oubliez pas que nous possédons tous les mêmes droits et les mêmes possibilités nous permettant d'établir des limites et de transformer notre réalité. Nous ne pouvons pas savoir quand ni comment quelqu'un essayera de modifier leur situation personnelle ou générale à travers des pensées conscientes ou inconscientes, donc autant y mettre votre empreinte personnelle.

L'Énergie masculine et féminine

L'Équilibrage des énergies par l'AuraTransformation™

L'équilibrage qui se produit à la suite d'une AuraTransformation™ englobe tous les aspects de l'état mental, émotionnel et physique. Néanmoins, lorsque des déséquilibres ont laissé des traces profondes et durables sur la structure cellulaire, le corps devra être pris en charge par un physiothérapeute.

Lors de l'équilibrage, l'Aura Mediator™ ne se concentre en réalité que sur l'équilibrage des énergies féminine et masculine du système énergétique de son client, car ces deux énergies sont des catalyseurs pour toutes les autres énergies et états dans leur vie et leur conscience. La vie comporte principalement deux énergies opposées : l'énergie masculine et l'énergie féminine, qui doivent être alignées et équilibrées l'une par rapport à l'autre. Durant cet équilibrage, l'Aura Mediator™ ne fait pas qu'observer ce qui se produit du côté masculin ou féminin, puisque les énergies se soutiennent au cours du processus sans se concentrer sur un aspect ou un autre.

Perceptions incorrectes concernant les énergies masculine ou féminine

Beaucoup de personnes pensent à tort que les énergies masculines sont liées à des caractéristiques masculines et que les énergies féminines sont liées à des caractéristiques féminines, or ce n'est pas le cas du tout. Les énergies ne sont en aucun cas spécifiques au genre et n'ont par conséquent aucune influence sur notre structure corporelle et notre apparence physique humaine. Les énergies masculine et féminine dépendent de notre aura et de notre champ énergétique et sont par conséquent conditionnées par le magnétisme. C'est pour cette raison qu'elles jouent sur notre rayonnement et notre comportement, où elles ont une influence puissante sur le pouvoir d'attraction que nous exerçons sur notre entourage. Celui-ci, contrairement à notre apparence, peut être transformé par une AuraTransformation™ ou en travaillant consciemment avec notre psyché.

L'Ovule et le spermatozoïde

Les concepts de masculin et de féminin s'expliquent le plus simplement en observant le processus de création qui se produit entre l'ovule et le spermatozoïde, dont l'union peut donner lieu aux deux sexes. Cela se produit même si, d'un point de vue énergétique, l'ovule représente l'énergie féminine et le spermatozoïde représente l'énergie masculine.

Entre autres, l'énergie masculine est caractérisée par la vitesse incroyable à laquelle les spermatozoïdes doivent se mobiliser pour participer à la grande course vers l'ovule. Des millions de cellules de spermatozoïdes s'élancent dans la même direction en même temps.

Le spermatozoïde doit s'adapter au temps d'attente extrêmement long pouvant s'écouler avant que l'ovule n'accepte dans sa chaleur une cellule, parfois deux ou plus.

Les spermatozoïdes ont frappé de nombreuses fois en vain à la porte de l'ovule, tels des prétendants malchanceux. La durée pendant laquelle ils peuvent être accueillis est extrêmement limitée et l'ovule sera froid et indifférent si le sperme arrive hors-saison. Mais lorsque le moment est propice, l'ovule doit l'annoncer haut et fort, pour que personne ne soit dans le doute. Tous les prétendants ne pourront être accueillis, l'ovule étant très sélectif dans son choix de partenaire(s).

L'Énergie intérieure et extérieure

D'un point de vue magnétique et plus global, l'énergie féminine représente au niveau spirituel le cœur du savoir et de la connaissance purs, la paix intérieure, une vision d'ensemble, la sérénité, la capacité à maintenir la force et la volonté de défendre une position jusqu'à la fin. Elle n'abandonne jamais, à moins de le vouloir.

L'énergie masculine représente au contraire l'énergie extérieure correspondant à la membrane semi-perméable qui entoure le noyau. L'énergie masculine cherche à défendre l'énergie féminine et doit par conséquent avoir un grand pouvoir d'action et la capacité à s'adapter à son entourage en étant en mouvement perpétuel, de façon à toujours pouvoir répondre aux événements imprévus.

Elle ne doit pas manquer de sentiments, car elle pourrait alors être prise d'assaut par ses ennemis dans un moment de faiblesse, laissant le noyau de pure énergie féminine sans protection et accessible à tous. Ce principe s'applique aussi à ceux qui ne savent pas comment gérer leur énergie et leurs connaissances de façon responsable.

L'Énergie masculine et sociable

L'énergie masculine ne vit pas que pour défendre l'énergie féminine. L'énergie masculine est aussi extrêmement sociable. Elle est de nature curieuse, désirant toujours tenter des expériences nouvelles. Elle aime aussi pouvoir se déplacer dans le vaste monde, espérant utiliser son esprit souple et mutable pour communiquer sa connaissance de l'énergie féminine à son entourage. Il s'agit d'une qualité que l'énergie féminine n'aura jamais. L'énergie masculine accumulera ce faisant énormément d'expériences et de contacts intéressants, que l'énergie féminine ne connaîtra jamais.

Le Féminin a besoin du masculin

L'énergie féminine est incapable de trouver le sens de sa vie et de ses nombreuses pensées si l'énergie masculine ne lui ouvre pas la voie dans le monde, lui permettant de transformer en actions concrètes toutes ses connaissances accumulées.

Lorsque les énergies féminine et masculine s'unissent pour former une seule force chez une même personne, ce qui se produit lors d'une AuraTransformation™ et des équilibrages qui s'ensuivent, la vie ne peut qu'en être transformée. Vous pourrez tout gérer vous-même, si tel est votre souhait, vous ne manquerez jamais de trouver une solution avec l'aide du monde extérieur, ce qui stimule la confiance en soi.

L'Équilibre personnel

L'énergie masculine pure et l'énergie féminine pure sont des fictions ; elles n'auraient rien en commun si elles se croisaient dans la rue. Mais si cette rencontre était possible, elles se compléteraient très bien.

Cette rencontre a bien lieu au sein de chaque être humain. Nous sommes tous constitués d'énergie masculine et féminine, représentées dans des proportions variables dans notre système énergétique personnel. Il est rare qu'elles représentent l'équilibre optimal de 50-50 %.

Cet équilibre peut toutefois être atteint par le biais d'une AuraTransformation™ si vous décidez d'intégrer la nouvelle aura.

Si vos énergies masculine et féminine ne sont pas intégrées dans votre système énergétique, vous devrez rechercher cet équilibre auprès de votre entourage, pour parvenir à un équilibre global dans votre couple, dans votre cercle d'amis ou encore dans votre vie professionnelle. Un homme ou une femme très marquée par l'énergie masculine recherchera principalement à entrer en contact avec des personnes dont l'énergie est surtout féminine et vice-versa, dans le but d'atteindre cet équilibre. Au contraire, une personne très équilibrée recherchera d'autres personnes équilibrées pour maintenir leur équilibre global dans leurs interactions.

L'équilibre entre l'extérieur et l'intérieur est une autre façon d'aborder l'équilibre entre le masculin et le féminin, l'énergie masculine correspondant à la partie externe et l'énergie féminine au cœur intérieur. L'énergie masculine prend la forme de la coque externe, la vitrine ou la façade dans lesquelles nous choisissons de présenter notre cœur intérieur d'énergie purement féminine au monde extérieur. L'énergie féminine ne comporte pas suffisamment de souplesse personnelle dans sa structure énergétique et à la différence de l'énergie masculine, elle n'est pas en mesure de communiquer un message pour qu'il soit accepté sans réserve.

D'une façon ou d'une autre, l'énergie purement féminine fait toujours face à des ennemis, en raison de son manque d'adaptabilité et de son goût parfois trop prononcé pour la provocation, à travers des déclarations simplistes et trop franches et démontrant son manque d'intérêt pour respecter des priorités autres que les siennes.

En règle générale, l'énergie masculine pure aspire à développer de nombreux projets différents, mais ne sait pas toujours si elle sera en mesure de les terminer. Par contraste, l'énergie féminine pure sait fort bien qu'elle pourra terminer ces projets. Mais elle ne saura pas d'emblée si elle se donnera la peine de les entamer.

On en revient à une question de volonté et de capacité : l'énergie masculine et le spermatozoïde représentent la volonté, tandis que l'énergie féminine et l'ovule représentent la capacité, deux qualités qu'il faudra essayer d'associer dans notre système énergétique interne.

L'Énergie masculine pure

Les personnes chez qui l'énergie masculine prédomine inspirent toujours pendant de brèves périodes. N'essayez toutefois pas de creuser leur vision personnelle dans des discussions trop poussées. Comme expliqué plus haut, l'énergie masculine est toujours prête à s'adapter à son environnement et aux souhaits et besoins de l'ovule. Vous pourriez donc découvrir qu'ils partagent tout d'un coup les mêmes opinions que vous, même si ce n'était pas le cas au départ !

Les personnes masculines débordent de puissance d'action, mais sans trop de lest au niveau personnel, à moins d'être entourées de personnes pouvant soutenir leurs nombreuses initiatives.

Elles savent très bien se lancer, puis passent à autre chose ailleurs, sauf si elles sont bien payées ou que quelqu'un risque de leur donner un coup de cravache. Ils font alors un véritable effort, car ces natures sont essentiellement obéissantes et réactives, surtout si leur patron est autoritaire.

Les personnes dont l'énergie est avant tout masculine sont conscientes de l'impression qu'elles donnent à leur entourage et font d'habiles vendeurs si l'envie leur vient. Elles sont particulièrement douées pour la vente lorsque leur rémunération est élevée.

Ces êtres apprécient et désirent les nouveautés et sont très forts pour lancer de nouveaux projets, sachant bien motiver les efforts de chaque intervenant. Il s'agit là encore de vendre habilement, pour que chacun mette la main à la pâte.

Ils sont caractérisés par leur inconstance et ont malheureusement du mal à rester dans des situations stables à long terme. Une relation de couple bien établie ou un emploi stable leur sembleront pénibles. La répétition les ennuie terriblement ;

l'agitation est fréquente chez les personnes à dominante masculine.

Leur humeur peut passer du contentement absolu à une colère extrême si vous avez la malchance de tomber sur un « mauvais jour ». Lorsqu'une situation exige un comportement spécifique, ils n'auront aucun mal à jouer le jeu et à faire ce qu'on attend d'eux, mais seulement pendant un temps limité, du fait de leur inconstance.

Les personnes d'énergie masculine pure sont des charmeurs et de bons vendeurs, sachant s'adapter aux besoins de leurs partenaires ou de leurs clients. Répondre aux attentes de leur entourage à long terme ne les intéresse pas beaucoup, qu'il s'agisse d'une relation stable et permanente ou de livrer un produit, car ils auront affaire à des personnes et/ou des clients différents demain, auxquels ils devront alors s'adapter.

Dans un couple, la personne aimée sera en concurrence avec les amis, le sport préféré, la famille et la profession d'une personne masculine. Une personne masculine se retrouvera souvent dans des situations délicates ; elle ne peut évidemment qu'être débordée en s'engageant auprès de tous.
En voulant répondre à toutes leurs attentes, une personne masculine manquera toujours de temps. L'établissement de limites et le respect d'un emploi du temps ne sont donc pas faciles pour les personnes masculines.

Même s'ils souhaitent sincèrement en faire plus, ces êtres sont constamment débordés et n'ont ni les capacités, ni la vue d'ensemble nécessaires pour développer de bonnes compétences organisationnelles. Recherchez la compagnie de personnes équilibrées, sachant maîtriser leurs énergies tant masculine que féminine, plutôt que celles qui sont prédominées par l'une ou l'autre.

Voici quelques résumés de comportements typiques de l'énergie masculine pure dans des situations diverses. Il s'agit purement d'exemples théoriques, dans la mesure où il est impossible d'avoir une énergie à 100 % masculine.

Les personnes de type masculin apprécient les enfants sages et bien élevés, sachant respecter des heures de repas et de coucher fixes. Pour eux, il n'y a pas de mal à ce qu'un enfant soit confié aux soins d'une institution ou d'inconnus. Tant que l'enfant mange, boit, dort et est bien couvert, ses besoins essentiels sont assouvis. Elles ne manqueront pas d'être amusées par leurs bêtises enfantines, tant qu'elles ne sont pas provoquées par leurs enfants.

Les personnes masculines apprécient beaucoup les cartes bancaires et en dépendent, tellement ils sont sujets à des achats impulsifs. En décoration intérieure, ils suivent à la lettre les conseils de magazines de décoration et n'accrochent aux murs que des œuvres d'artistes reconnus. De même, ils font très attention aux conseils de magazines de mode, aux « vrais aliments », aux régimes, etc. Tant que vous leur proposerez de « vrais » produits, ils n'hésiteront pas à en acheter une douzaine d'un coup, aimant faire des réserves.

Dans un univers masculin, la maladie n'a aucune prise, à moins d'être un sujet de conversation dans l'air du temps, sur un pied d'égalité avec le fitness ou les régimes. S'il était possible de surmonter l'âge et la maladie, les personnes masculines feraient les meilleurs infirmiers du monde.

Qu'ils organisent un dîner ou une fête, ils prévoient tou-

jours une abondance de mets et de boissons. Ils mesureront le succès de leur fête surtout en fonction du nombre d'invités éméchés ou de gueules de bois le lendemain.

Les personnes masculines accordent peu d'importance à l'éducation et préfèreront se perdre dans une bande dessinée ou une revue pornographique plutôt que dans un livre sérieux. On retrouvera une dominante d'énergie masculine plus facilement chez les coiffeurs ou les vendeurs de voitures que chez les comptables ou les universitaires.

Les personnes masculines ont toujours un maquillage et une coiffure impeccables. Leur personnalité dominante leur permet de conserver une apparence nette et séduisante même un mardi triste sous la pluie. Lorsque l'apparence ne suffit pas, un sourire coquin ou insolent saura convaincre, l'art de la séduction étant réservé aux personnes à prédominance masculine.

Ils trouvent l'apparence et une attitude positive attirantes, et seront d'emblée séduits par de jolies fesses dans une jupe étroite ou par un pantalon serré !

Les personnes masculines seront facilement stressées par tout ce qu'elles doivent faire au cours d'une journée. Elles seront souvent fatiguées et irritables avant même de se mettre au travail, à moins d'avoir des collègues pour leur tenir compagnie, ou d'avoir elles-mêmes lancé le projet et d'être passionnées par la cause.

Elles n'auront aucun scrupule à utiliser leurs charmes pour les convaincre de faire des montagnes de travail à leur place, et seront heureuses de rendre le service – si elles s'en souviennent.

Ne vous attendez pas à ce qu'une personne masculine

exprime beaucoup d'empathie, à moins qu'elle ait des vues sur vous. Elles déborderont alors de compréhension, qu'elles oublieront immédiatement après vous avoir appâté.

Tournant alors leur regard ailleurs, elles pour exerceront leurs pouvoirs de séduction sur quelqu'un d'autre, que ce soit au travail ou auprès d'amis. Si vous êtes tenté par l'idée d'une nuit torride, un mot suffira : un partenaire de type masculin se fera un plaisir de répondre à vos attentes dans la minute qui suit. Après tout, ces choses-là sont simples et ne nécessitent pas une grande empathie émotionnelle, ni de grandes qualités d'écoute.

En tant que leader, une personnalité masculine se lie souvent d'amitié avec ses employés, ce qui atténue parfois le respect qu'ils auront pour leur patron. Il suffira alors d'ouvrir une autre bouteille de champagne pour que tout reparte. Cela fonctionne généralement, à part peut-être avec les personnes à prédominance féminine, mais elles sont si ternes que c'en est presque pénible – du moins vues par des yeux masculins.

Les personnes masculines apprécient surtout les sports d'équipe et boire une bière avec leur bande avant et après le match.

Ce sont des êtres extrêmement compétitifs, qui prendront des initiatives dans leur équipe tant que tout se passe bien, mais qui se perdront rapidement dans la foule lorsque les choses tourneront mal. Ils peuvent être lâches et ont du mal à assumer leurs responsabilités, à moins de les partager avec quelqu'un d'autre. S'ils trouvent un moyen de rejeter la faute sur quelqu'un, ils ne manqueront jamais de le faire.

Il en est de même pour tout ce qui a trait à la circulation. Ils adorent les voitures, la course et la vitesse et conduire très vite, mais seulement s'ils ne sont pas seuls à le faire.

Dès qu'ils soupçonnent qu'une voiture de police aux alentours, ils ralentissent, laissant les autres fous du volant prendre une contravention à leur place. Bien sûr, une personne masculine ne parlerait jamais ouvertement de son amour de la vitesse, puisque cela n'est pas socialement acceptable.

L'Énergie féminine pure

Les personnes chez qui l'énergie féminine est prédominante sont toujours très intéressantes et font des adversaires de débat passionnants, si vous réussissez à tenir bon. Les personnes féminines sont généralement expertes dans leurs disciplines respectives. Elles ont une nature conflictuelle et ne mâchent pas leurs mots, ce qui ne manquera pas de détourner leurs interlocuteurs ou d'être pris pour un affront.

Les personnes féminines sont généralement calmes, réfléchies et introverties. Ces qualités ont tendance à les couper du monde pendant de longues périodes. Elles aiment créer un univers intime bien protégé, adapté à leur vision du monde et à leurs idéologies ou leurs croyances, démontrant qu'elles ne se soucient bien souvent que d'elles-mêmes. Pourquoi s'encombrer d'une famille et de personnes autour de soi lorsqu'on se débrouille très bien sans elles ? Elles ne sont qu'une source de gêne et d'ennuis, il vaut mieux ne s'occuper que de soi.

Les êtres à prédominance féminine préfèrent regarder en elles et cultiver de bonnes expériences sous forme de méditation, de rêves éveillés ou de souvenirs, au lieu de partir à l'aventure, ou d'être accompagnés. Lorsqu'elles s'associent à quelqu'un pendant de longues périodes, ce n'est que pour nourrir des expériences uniques très spécifiques avec la personne concernée. Une fois que l'expérience a été vécue, leur entourage cesse d'exister à leurs yeux.

Étant de nature cynique, elles savent pertinemment ce qu'elles souhaitent obtenir de certaines situations et de leur entourage.

L'énergie féminine pure a une vue d'ensemble perçante, mais est encline à ne pas agir en cas de décisions importantes. Tout en sachant très bien composer et tirer les ficelles d'un ensemble de forces, d'employés et de membres de leur famille, la spontanéité qui caractérise une énergie masculine pure leur fait défaut. Elles n'hésiteront pas à rester auprès des mêmes personnes, dans les mêmes conditions des années durant, simplement pour se sentir en sécurité. Il s'agit d'une caractéristique faisant écho au besoin de stabilité d'antan, mais qui se rapproche en vérité d'une rigidité mentale et émotionnelle, n'augurant rien de positif à long terme.

Les personnes dominées par l'énergie féminine sont souvent très têtues, dominées par des convictions fermes et tenaces. Il faudra donc faire preuve d'énormément de persistance pour trouver ne serait-ce qu'une petite ouverture dans leur armure, accéder à leur monde intérieur et espérer graduellement moduler des croyances bien enracinées. Les personnes féminines dissimulent toujours un détective affûté ; elles ne manqueront jamais de détecter une faille éventuelle, avant de la combler pour toujours. Ces personnalités détestent refaire les mêmes erreurs, qui sont des preuves de faiblesse à leurs yeux.

Voici comme plus haut, quelques exemples d'énergie féminine dans des situations de tous les jours. Puisqu'il est impossible d'avoir une énergie à 100 % féminine, il ne s'agit bien sûr que d'exemples théoriques.

Nombre de personnes féminines préféreront attendre avant d'avoir des enfants, car elles voudront être certaines de vouloir être parent.

Passer son temps à langer et à mouliner des purées pour bébé n'est pas leur passe-temps préféré, mais à partir du moment où elle accueille un enfant, la personnalité féminine s'empresse de donner les meilleurs soins physiques, intellectuels et émotionnels dont elle est

capable. Ces enfants seront stimulés dès leur plus jeune enfance en termes d'attentions et de soutien psychologiques et humains. À la différence d'enfants de parents masculins, leurs petits seront encouragés à exprimer leur personnalité, tant qu'elle sera compatible avec les opinions des parents.

Les parents souhaiteront participer aux activités sociales qui auront une influence sur la vie quotidienne de leurs enfants. Ils seront actifs à l'école et dans diverses institutions, où on les verra souvent présider aux conseils d'administration.

Les personnes féminines savent mettre de l'argent de côté et faire des économies, et font des acheteurs avisés et difficiles les rares fois où elles font des courses. Elles seront du genre à avoir une Ferrari ou une voiture classique plus ancienne dans leur garage qui restera intouchée pendant des semaines, ayant plaisir à simplement admirer leur « beauté ».

Elles ont des goûts très personnels et distincts, souvent aux antipodes de ceux de leurs voisins. Ceci s'applique tant à la décoration intérieure et aux œuvres d'art qu'aux vêtements ; ces personnes savent créer leur propre style. Elles apprécient l'ordre et sont perfectionnistes à leur façon, mais ce n'est que lorsqu'elles auront trouvé le lieu qui leur convient. Avant, leur maison sera désordonnée ; elles rechignent à ranger uniquement parce qu'elles attendent des invités, mais rangeront pour leur confort personnel.

Les personnes féminines n'acceptent la maladie que du point de vue de la recherche ; elles n'ont pas le temps de s'occuper de malades en leur rendant visite ou en pensant à eux. Il en est de même lorsqu'elles sont malades.

Toutefois lorsqu'un malade se retrouve soudainement à l'article de la mort, que ce soit un ami, une connaissance, un voisin ou un membre de leur famille, elles se précipiteront alors au chevet du patient, et tout le reste deviendra totalement secondaire. Ceci leur donne l'occasion de revisiter le passé et tous les souvenirs partagés avec la personne mourante.

Les personnes féminines observent un régime alimentaire scrupuleux, consultant toujours la teneur en vitamines et en minéraux d'un produit avant de l'acheter.

La qualité passe toujours avant tout le reste, qu'il s'agisse de primeurs, de vin, de café et de bon chocolat, mettant l'accent sur le plaisir plutôt que sur la productivité. Peu importe qu'un repas demande dix heures de préparation alors qu'il sera consommé en moins d'une demi-heure, du moment que l'expérience gustative sera unique.

Les personnes féminines invitent rarement leurs amis ou leur famille à un dîner, mais préfèrent les inviter à prendre un café, car elles n'apprécient pas les grandes fêtes où les gens se lâchent. Elles préfèrent les évènements plus intimes organisés autour de thèmes spécifiques, dans un environnement cultivé et original, avec un programme organisé à l'avance. Elles veilleront à ce que leurs invités aient aussi un parcours intéressant, tandis que le repas et les vins seront servis en modération, pour que personne ne termine la soirée constipé ou saoul.

Les personnes marquées par l'énergie féminine se lancent volontiers dans des parcours d'éducation à long terme, pour le plaisir de s'immerger dans des études poussées et de gros livres. Elles feront l'effet d'encyclopédies vivantes, ressemblant davantage à des ordinateurs sur pattes qu'à des êtres de chair et de sang.

Les natures féminines sont de type bêta, pouvant facilement passer la nuit à travailler et conscientes de leur force intérieure plutôt que de leurs avantages extérieurs.

Dans leurs relations, elles préféreront cultiver un sentiment d'appartenance et de bonnes amitiés réciproques plutôt que de s'adonner à une vie de plaisirs purement sexuels. Au niveau émotionnel, elles auront tendance à être de nature dominante et jalouse ; une fois qu'elles vous acceptent en tant que proches, il devient souvent difficile d'échapper à leur emprise.

Lorsqu'elles sont piquées par l'idée de se décomplexer ou lorsqu'elles entretiennent de mauvaises intentions, elles n'hésiteront pas à se pavaner nues en pleine rue. Si quelque chose doit être fait, elles le feront à fond – avec une visibilité maximale !

Les personnes féminines sont généralement très responsables lorsqu'elles s'engagent à réaliser une tâche ou un travail. Si une personne de type purement féminin se retrouve avec beaucoup de temps libre, et plus particulièrement au travail, elle en déduira que c'est le cas pour tout le monde, surtout pour ses proches, qui se mettront à recevoir des coups de fil à l'improviste pour discuter. Ces tempéraments envisagent le concept du temps avec une attitude très détendue, tant que cela les concerne. Mais si quelqu'un d'autre est en retard, doit changer un rendez-vous ou prend trop de temps au téléphone, elles ne sont pas aussi détendues, à moins que le changement leur donne l'occasion de diriger leur attention vers quelque chose qui leur profitera.

Les personnes féminines ont du mal à mettre des mots sur leurs sentiments – il faut les regarder bien dans les yeux pour être en mesure de lire leur état d'esprit présent. La proximité et la solidarité sont une question de confiance ; chacun s'ouvre petit à petit à l'autre.

L'énergie féminine pure apprécie particulièrement les moments uniques et spéciaux et il en est de même dans sa façon de vivre sa sexualité. Ces tempéraments n'ont pas de mal à s'abandonner à l'être aimé lorsque ce genre d'occasion se présente. Leur partenaire ne doit toutefois pas s'attendre à ce qu'elle soit aussi ouverte à leur prochaine rencontre, à moins de pouvoir recréer un moment unique.

Dans un rôle de leader, une personnalité féminine aimera garder ses distances par rapport à ses employés ; elle prendra appui sur son autorité, son pouvoir et ses connaissances pour les motiver à faire de leur mieux. Personne ne peut réussir sans travailler d'arrache-pied ; l'un de leurs premiers objectifs est que leurs employés leur obéissent.

Ces tempéraments s'intéressent surtout aux performances sportives individuelles, privilégiant la réflexion à l'agitation ou la transpiration. Les performances physiques et le sport ne les intéressent d'ailleurs pas du tout.

De leur point de vue, le golf, les échecs, le cyclisme, sont des exemples de sports tolérables, ainsi que les rallyes automobiles, qui font tout le travail à votre place, car ces activités peuvent toutes être contrôlées par le mental.

Le Masculin et le féminin après une AuraTransformation™

Si vous étiez de nature très masculine et extravertie avant votre AuraTransformation™, vous vous équilibrerez en développant plus de retenue et de calme intérieur. Vous n'abandonnerez pas totalement votre attitude de vendeur masculin, car l'AuraTransformation™ unit les caractéristiques masculines et féminines. Votre être sera complété par des qualités plus féminines, afin que vous soyez en mesure de maîtriser ces aspects de votre personnalité plus naturellement.

Les personnes qui étaient au départ très féminines et introverties se découvriront des tendances plus ouvertes et chaleureuses envers les autres ; c'est d'ailleurs l'une des raisons qui motivera leur aura-transformation. Les personnes très féminines ont souvent beaucoup de mal à aller à la rencontre du monde sans se connecter à un influx immédiat d'énergie masculine, ce que l'AuraTransformation™ les aide à faire.

Comment maintenir mon nouvel équilibre ?

Vous n'avez rien de particulier à faire pour préserver votre équilibre personnel à la suite d'une AuraTransformation™, à part être fidèle à vous-même, ce qui peut être difficile pour certaines natures. Si vous êtes subitement pris d'envie de vous mentir à vous-même en ignorant volontairement vos signaux, vous ne manquerez pas de voir une réaction quasi immédiate. Les conséquences frapperont plus vite qu'un éclair et prendront la forme d'une maladie ou d'une infirmité physique, ou d'une résistance extraordinaire provenant du monde extérieur, que ce soit dans la vie professionnelle, de famille, ou quotidienne.

Pour préserver votre équilibre après une AuraTransformation™, il suffit de toujours être honnête avec vous-même. Ceci s'appliquera aussi aux circonstances et aux personnes qui vous déplaisent, mais avec lesquelles vous devrez composer pendant un moment avant qu'une solution ne se présente.

Le fait de se rendre compte que les choses pourraient être mieux qu'elles ne le sont vous aide à éviter certaines choses et à avancer.

Aider ses enfants et s'aider soi

En tant que parent d'enfants Indigo ou Cristal, il peut vous arriver de vous sentir démunis face à leurs problèmes. Voici quelques conseils pour vous aider dans ce type de situation.

La proximité et le toucher sont ce qui compte le plus pour les enfants Indigo et Cristal ; vous irez loin en entourant votre enfant d'amour s'il a des problèmes personnels, est mal à l'aise ou blessé.

Tenez votre enfant contre votre cœur et transmettez-lui votre paix. Cette paix doit avant tout se trouver en vous ; autrement, demandez à quelqu'un d'autre de tenir votre enfant. Cette méthode peut aussi vous aider et aider d'autres adultes à retrouver la paix, qu'ils aient la structure d'aura nouvelle ou ancienne.

Si votre enfant est agité ou se sent mal, vous pouvez lui masser le front et les tempes par petits mouvements circulaires pour créer un effet calmant et soporifique.

Avant tout, transmettez à votre enfant que vous serez toujours là pour lui, quoi qu'il arrive. Cette méthode peut aussi vous aider et aider d'autres adultes à se détendre, qu'ils aient la structure d'aura nouvelle ou ancienne.

Si votre enfant Indigo est subitement agité sans raison apparente, entourez-le de pensées de couleur ou d'énergie indigo ou violette. Ceci correspond à l'énergie de base de votre enfant et l'aidera à se sentir bien et à retrouver le calme.

Cela sera fort utile si votre enfant a du mal à s'endormir. Cette méthode aura aussi des effets positifs sur les adultes Indigo.

Si votre enfant Cristal est agité sans aucune raison apparente, entourez-le de pensées de couleur ou d'énergie violette cristalline, ou encore d'énergie rosée pour le calmer rapidement. Cette association de couleurs correspond à l'énergie primordiale de l'aura de l'enfant. Cette méthode est aussi adaptée aux adultes Cristal.

Si vous sentez le besoin de protéger votre enfant pendant la journée, lorsqu'il est à l'école ou la crèche, loin de vous, concentrez vos pensées sur la notion que l'enfant est *protégé par l'énergie provenant directement de la force cosmique la plus élevée.*

Vous pouvez le dire à haute voix ou répéter cette phrase mentalement. Vous aidez votre enfant en l'entourant d'une membrane protectrice ultra puissante d'énergie à très haute fréquence, qui éliminera toute négativité au niveau de la conscience.

Cette méthode protège aussi votre enfant de situations nuisibles au cours de sa journée. Elle se déroulera bien sûr comme à l'accoutumée, mais ses expériences seront transformées en apprentissages. Grâce à cette protection, il risquera moins de se blesser, à moins qu'il ne l'ait vraiment mérité.

Vous pourrez aussi utiliser ces paroles de protection sur vous ou aux personnes auxquelles vous tenez.

Si votre enfant se met à imiter des comportements désagréables ou à s'associer à des personnes nuisibles, utilisez vos pensées pour récupérer toutes les énergies personnelles de votre enfant des personnes dont les influences négatives déteignent sur lui.

Ensuite, renvoyez sur ces personnes toutes les énergies négatives extérieures que votre enfant a attirées par erreur, pour que tout se normalise le plus vite possible au niveau de la conscience.

Tout de suite après, il vous sera possible d'avoir une discussion à tête reposée concernant la situation, ce qui aurait été impossible avant votre intervention. L'effet sera d'autant plus grand si vous répétez cette procédure aussi souvent que possible. La méthode peut aussi être utilisée sur vous-même ou d'autres personnes de votre entourage, lorsque vous subissez une mauvaise influence. Vous remarquerez rapidement que vous avez tout intérêt à vous réapproprier toutes vos énergies personnelles et de renvoyer celles qui ne vous appartiennent pas à leur propriétaire.

Lorsque l'énergie de votre enfant est basse ou instable après avoir été en contact avec des personnes qui ont sans le savoir puisé de l'énergie auprès de lui, utilisez vos pensées pour récupérer ces énergies personnelles auprès de ces personnes.

Ensuite, renvoyez-leur toutes les énergies que votre enfant a attirées sans le savoir.

Utilisez aussi cette méthode sur vous ou sur d'autres adultes.

Les méthodes décrites ne sont pas limitées à une utilisation uniquement dans ces contextes. Elles peuvent aussi être appliquées à des situations de même type.

Si vous souhaitez en savoir plus sur les méthodes d'équilibrage de l'énergie, je vous conseille de lire les petits livres faciles à lire que j'ai écrits avec mon mari, *Le petit guide de l'énergie 1* et *Récupère ton pouvoir maintenant !*

La Nouvelle aura
du point de vue spirituel

La Transition vers les Temps Nouveaux

L'énergie des Temps Nouveaux représente une puissance spirituelle si forte qu'il n'est pas toujours facile de modifier notre système énergétique pour qu'il soit en mesure de gérer la nouvelle énergie élevée et les nouvelles fréquences d'amour.

Imaginez ce qui se produirait si vous déposiez le mécanisme interne d'un ordinateur moderne dans la coque d'un ordinateur de 1980 ! L'écart entre le passé et le présent est trop important pour que les deux puissent fonctionnent ensemble correctement. C'est pour cette raison que Dieu nous a laissé le choix de ce changement.

Un ancien disque dur peut bien sûr continuer à être fonctionnel dans un boîtier datant de la même époque, tout comme les personnes âgées ou ayant des attitudes très établies peuvent facilement maintenir leur aura d'âme, même si sa fonctionnalité et sa capacité comparées à celles de la nouvelle aura seront légèrement ou totalement réduites.

La nouvelle aura laisse votre libre arbitre choisir ce que voulez dans chaque situation, à moins de préférer que d'autres choisissent pour vous.

Pour réaliser votre mission personnelle, vous devez collaborer avec les pouvoirs supérieurs et œuvrer vers une collaboration harmonieuse sur la Terre.

Au niveau de l'esprit, l'accent est mis sur l'équilibre, tandis qu'au niveau de l'âme, l'énergie a toujours été canalisée sous forme de pure lumière. La lumière correspond à seulement une moitié de l'énergie d'équilibre composant l'énergie des Temps Nouveaux, ce qui explique pourquoi l'obscurité devra peut-être participer à l'avenir à tout travail énergétique au même titre que la lumière, si vous souhaitez atteindre un équilibre total aligné à l'énergie des Temps Nouveaux.

Mais ne travaillez pas spécifiquement avec l'énergie sombre sans aussi inclure la lumière. Il vaut toujours mieux travailler avec une énergie d'équilibre pure, sans se concentrer sur l'un ou l'autre de ses aspects.

Le fait de travailler avec la notion d'équilibre plutôt qu'avec la lumière vous donnera beaucoup plus de souplesse. Pour être en mesure de transformer les nombreuses situations laissant à désirer, faites face aux problèmes en partant de deux angles – de l'intérieur et de l'extérieur, mais aussi d'une façon agréable et moins agréable. Connaître les énergies de la lumière et de l'obscurité et les méthodes pour gérer les problèmes éventuels est un véritable avantage. Ce n'est pas pour être mal élevé ou pour transgresser les limites de votre entourage, mais pour savoir comment gérer les personnes qui auront ce type de comportement. Cela sera particulièrement utile lorsque vous aurez affaire à des comportements négatifs et inappropriés.

De même, le meilleur policier sera souvent celui qui comprendra le mieux la mentalité d'un criminel, sans pour autant devenir un criminel.

Si vous voulez aider votre entourage à avoir une vie meilleure, cela vous servira d'avoir testé des méthodes sur votre corps, pour savoir au plus profond de vous-même ce qui se présente à vous dans des situations concrètes. Vous saurez alors comment parler aux gens pour qu'ils vous écoutent et avec un peu de chance, pour qu'ils progressent dans des directions positives.

Il faut connaître nos propres écueils et notre parcours de vie pour pouvoir entrer en contact avec les personnes bloquées.

Il est donc tout à fait naturel qu'un ancien alcoolique ou ancien drogué soit la personne idéale pour aider d'autres alcooliques ou drogués, car il ne sera pas perçu comme un ennemi, mais comme un ami, la preuve vivante que cette situation peut avoir une issue positive.

Ces personnes ont déjà traversé l'enfer, elles connaissent intimement le côté sombre et peuvent donc transmettre des messages positifs aux personnes toxicodépendantes en étant acceptés, chose qu'un thérapeute ne réussirait jamais à faire en n'ayant qu'une connaissance théorique de ces phénomènes.

Peu de gens apprécient les personnes qui prêchent ou qui n'ont pas une compréhension intime des sujets dont ils parlent. Ce sont des choses à prendre en considération si vous avez envie d'aider les gens ou d'influencer certaines situations dans le monde.

Le même principe s'applique si vous souhaitez parler au nom d'une cause. Ne prêchez pas auprès de votre entourage, qui risquera de penser que vous cherchez à avoir l'air malin à leurs dépens.

L'énergie des Temps Nouveaux a un message simple : approchons le monde de façon équilibrée, sans se bousculer, ni porter notre fardeau seul pendant que d'autres nous regardent les bras ballants. Nous devons tous contribuer quelque chose au tout, pour cultiver une unité d'ensemble intégrée, avec de nombreuses opportunités égales qui profiteront à autant de personnes que possible.

Le Monde spirituel

Pour maîtriser l'énergie des Temps Nouveaux et bénéficier de votre nouvelle aura, il n'est en aucun cas nécessaire d'avoir des connaissances approfondies à propos de la conscience et de la dimension spirituelle qui en découle. Pour bénéficier au maximum de ce chapitre, il suffit de comprendre que la conscience représente une substance invisible donnant vie à notre corps humain. Les personnes que rien ne motive, que ce soit au niveau intérieur ou extérieur, ont beaucoup de mal à rester en vie si leur corps physique est sérieusement affaibli.

Si l'étincelle de vie est réduite à la personne individuelle, l'esprit et la conscience quittent petit à petit le corps, et si l'étincelle de vie disparait totalement, l'esprit quitte le corps aussi, ne laissant que le cœur et les organes vitaux pour soutenir le corps physique. C'est donc la conscience qui nous garde en vie, d'un point de vue énergétique.

En même temps, la conscience correspond à l'aura et au rayonnement dont nous sommes tous entourés. L'aura et le rayonnement sont un champ de force d'énergie en vibration dont nous sommes tous entourés dans une certaine mesure. Ce champ de force permet aux autres humains de lire des informations nous concernant de loin, sans que nous ayons à répondre à un tas de questions personnelles. Votre entourage pourra ainsi détecter des informations au niveau subconscient, lui permettant de déterminer à l'avance si vous êtes une personne intéressante pour lui ou non. L'aura, la conscience et le rayonnement, peu importe le nom que nous leur donnions, nous permettent de repérer de loin les interactions positives et négatives entre les gens, afin qu'ils ne soient pas déçus lorsqu'ils apprennent à se connaître.

Le principal objectif d'une AuraTransformation™ est de relier votre intuition à votre énergie spirituelle afin que le corps et l'esprit puissent collaborer. Mais que se passe-t-il au niveau spirituel à la suite d'une AuraTransformation™, puisque vous êtes subitement en mesure de détecter des informations pertinentes profitant aux autres et à vous-même ?

Qui tire les ficelles dans les coulisses, et comment cette gestion spirituelle globale entre-t-elle dans le cadre de votre libre arbitre ?

Voici une vision simplifiée de la structure de l'arrière-pays spirituel de la Terre. Les personnes ne s'intéressant pas à la spiritualité pourront la qualifier de bêtise, mais elle représente néanmoins la vérité la plus pure.

L'Arrière-pays spirituel de la Terre

La plupart des gens connaissent l'histoire d'Adam et Ève au Paradis, ont entendu les histoires provenant des mythologies nordique, grecque, romaine, etc., ou savent que Jésus a souffert sur la croix – ce sont des histoires traitant de personnes très spirituelles qui ont existé physiquement sur la Terre. Mais le monde spirituel s'est rarement manifesté en force sur la planète au même moment : peu de maîtres spirituels ou d'archanges se sont incarnés sur Terre en même temps.

Par exemple, Jésus vivait évidemment à la même époque que sa mère, l'Archange Marie, mais il rencontra d'autres véritables croyants à la conscience spirituelle très élevée, comme Jean, Marc, Mathieu, Paul, Pierre et Luc et d'autres à l'âge adulte, lorsqu'il se mit à prêcher l'évangile chrétien.

Ils n'avaient pas le statut de maître spirituel comme lui, mais ils étaient sur le chemin pour l'obtenir.

Derrière le voile, l'arrière-pays spirituel de la Terre a été guidé pendant des millénaires par une hiérarchie comportant des maîtres et des archanges hautement spirituels, Dieu se trouvant au sommet de cette pyramide. Ces êtres à la conscience spirituelle très élevée ont maîtrisé la conscience de la population à travers les concepts d'obéissance et de karma, qui ont guidé les pensées et les comportements humains, et ont décidé quel développement il était utile d'envoyer à la Terre et quand.

Le système spirituel a été construit en se modelant sur une pyramide, les âmes moins éveillées se regroupant à la base, où un blocage limite leur progression dans le système hiérarchique. Il s'agit d'âmes vivant de siècle en siècle une existence de « personnes ordinaires ».

En montant dans la hiérarchie, on rencontre des personnes dont la capacité spirituelle est plus importante ; ils se souviennent inconsciemment mieux que les « personnes ordinaires » de leur affiliation spirituelle à l'arrière-pays de la conscience de la Terre.

Au sommet de cette pyramide, les maîtres et les archanges ont bénéficié des meilleures conditions pour saisir le lien entre le monde visible et son arrière-pays spirituel, mais ils ne se sont pas tous incarnés sur Terre en même temps. Ils ont donc eu recours à nombre d'êtres spirituellement équivalents pour puiser des connaissances générales et de la conscience dans l'arrière-pays spirituel de la Terre lorsque le besoin s'en est fait sentir, surtout lorsque la vie terrestre n'était pas passionnante. Il peut être très difficile pour un être spirituel vibrant à une fréquence fine très élevée de réaliser son objectif de vie dans les énergies denses de la Terre, à moins d'avoir la possibilité de vivre en tant qu'artiste ou philosophe, ce qui n'est pas toujours fiable d'un point de vue économique.

Ce qui fait leur force personnelle, c'est qu'en matière de conscience, ils connaissent le vrai chemin qui mène à la puissance divine, et il leur est donc plus facile de puiser des forces en eux-mêmes.

Au cours des nombreux millénaires durant lesquels la hiérarchie spirituelle a pris soin de l'arrière-pays de la conscience terrestre, l'humanité a été guidée par une existence prédéterminée et orientée par son karma, l'encourageant à faire plus d'efforts en matière de croyances, de style de vie et par rapport à un tout. De cette façon, elle a gagné une connaissance spirituelle plus élevée, gravissant la hiérarchie spirituelle en coulisse dans la vie réelle, mais sachant aussi quand ils devaient la quitter. Seules très peu de personnes ont fait l'expérience de la puissance divine, pendant que leur conscience était suivie « d'en haut ».

Beaucoup ont été torturées ou tuées au nom de la foi ; les tueurs ont rejeté toute responsabilité en croyant avoir été guidés d'en haut.

La tâche la plus importante et la plus difficile pour l'arrière-pays spirituel de la Terre a été de guider la population par le biais du contrôle karmique et de l'intuition, etc., pour lui donner une vie meilleure et harmonieuse à tous les niveaux. On ne peut pas dire que cela ait toujours réussi. D'autres initiatives énergétiques ont donc été nécessaires dans l'arrière-pays de la conscience planétaire, afin d'accélérer le développement et la responsabilité de la population. C'est ainsi que l'énergie des Temps Nouveaux et que le concept de l'AuraTransformation™ ont vu le jour. Avec une AuraTransformation™, votre conscience passe au niveau de l'esprit au lieu de rester au niveau de l'âme, où l'on ne peut que recevoir des initiatives dictées d'en haut, sans remettre en question ni évaluer les informations reçues.

Au niveau de l'esprit, qui intègre depuis 1987 toute la hiérarchie conditionnée par l'âme de l'arrière-pays de la conscience terrestre, chacun est responsable de ses actions. Le couperet tombe naturellement sur ceux qui ont participé à des actes vils, sans tenir compte de ce qui les a guidés. Ils avaient le choix de refuser, de ne pas accomplir tel ou tel acte.

Le même modèle de rétribution directe rapide s'applique aux comportements et aux efforts positifs, les gratifications arrivant assez rapidement.

L'arrière-pays spirituel garantit donc que tous les êtres vivants reçoivent continuellement les meilleures intentions pour eux-mêmes et pour le tout, par le biais d'influences intuitives provenant d'en haut, ou de bons conseils de leur environnement quotidien. Il en incombe à chacun, par le biais de son libre arbitre, de prendre ses propres décisions et de mener à terme les actes sur Terre – nous récoltons ainsi les récompenses ou les punitions générées par nos actes.

Si votre intuition vous pose problème, une AuraTransformation™ peut vous aider. Lorsque le corps esprit est directement relié au corps physique, l'arrière-pays spirituel de la Terre a de meilleures chances d'influencer l'individu de façon intuitive à avancer dans une direction favorable, positif tant pour la personne que pour le tout. La plupart des gens ne pourront pas être véritablement heureux si leur entourage va mal ; il est donc important de cultiver un équilibre entre une personne et sa communauté.

Les opinions ne peuvent que varier, que vous ayez une aura ancienne ou nouvelle, puisque personne ne pense de façon identique – quelle que soit la nationalité, le sexe et la couleur de peau. Les désaccords, les relations conflictuelles sont fréquents ; c'est quelque chose que vous pourriez être amené à accepter. Lorsque deux personnes – plus particulièrement deux adultes – ne sont pas d'accord, elles doivent d'abord être suffisamment mûres pour en accepter les conséquences et maintenir une distance et ne pas provoquer sans arrêt des disputes. Après tout, une génération entière d'enfants imite ses parents et autres adultes, y compris leurs comportements désagréables. Si vous ne faites pas attention, lorsqu'ils arriveront à l'âge adulte, ces enfants poursuivront les combats de leurs parents sans même y réfléchir.

Dès les origines de la Terre, la planète a su qu'elle devait trouver un équilibre interne entre humains, communautés et pays, en privilégiant le respect et l'ouverture entre les façons de penser. À l'heure actuelle, cet objectif semble éloigné.

Beaucoup luttent pour leurs propres croyances, et continueront à le faire encore un certain temps, tant que cela n'exposera pas des innocents à des dangers. Mais ils devront aussi accepter les conséquences de leurs actions, si l'un de leurs amis, voisins, ou membres de leur famille succombe à l'une de ces batailles. Pour protéger leur entourage, ils devront rechercher des emplacements géographiques isolés pour faire bataille, par exemple dans les régions montagneuses d'Afghanistan, ce qui se produit d'ailleurs déjà.

À l'avenir, de nombreux trublions et agitateurs de nationalités différentes disparaitront en grands nombres, à mesure qu'ils se tueront au cours de conflits – surtout religieux – phénomène que l'arrière-pays spirituel de la Terre observe d'un œil profondément sceptique.

L'Ombre et la lumière

Sur Terre, le concept du karma et de l'influx de l'âme explique la sempiternelle séparation entre l'ombre et la lumière, la lumière représentant tout ce qui est bon et découlant d'un message d'amour, tandis que l'ombre représente le satanique et le mal. Ces énergies ont été reflétées dans les comportements et les natures, surtout en termes de foi et de justice.

Selon les directives de vie générales provenant de l'arrière-pays hiérarchique conditionné par l'âme, certaines choses étaient absolument justes, tandis que d'autres étaient absolument fausses.

L'énergie des Temps Nouveaux exclusivement reliée à l'esprit est plus nuancée ; à l'avenir, de nombreuses nouvelles valeurs et façons de vivre se développeront intuitivement, ainsi que dans la conscience de l'humanité, avec le soutien de l'arrière-pays spirituel de la Terre. Ces valeurs seront liées à la réalisation et à l'actualisation du concept d'équilibre dans tous les domaines de la vie humaine.

La dichotomie entre l'ombre et la lumière n'aura plus lieu d'exister en tant qu'entités séparées et contradictoires, comme l'ont interprétée tant de personnes, y compris des praticiens alternatifs. De nombreux thérapeutes ont recherché la lumière, s'efforçant d'effacer toute ombre de la conscience de leurs clients, entraînant des générations de dupes et de naïfs, tout en accentuant la tendance où les personnes qui travaillent uniquement la lumière finissent par ne plus voir le monde réel.

L'ombre ne doit pas être totalement éliminée, car les deux énergies opposées extrêmes, la lumière et l'ombre contribuent toutes deux à l'ensemble du tableau terrestre.

La lumière apporte une perception et une image nettes aux expériences et à la vie en général, tandis que l'ombre crée une profondeur de perception, d'images et de vie. L'énergie des Temps Nouveaux consiste donc en un équilibre généralisé entre l'ombre et la lumière, qui deviendra de plus en plus intégré dans les contextes humains et terrestres.

Créer un équilibre

Les personnes spirituellement conscientes ne doivent pas se leurrer en pensant qu'elles pourront faire avancer le monde simplement en méditant et en entretenant des pensées positives et lumineuses. L'équilibre exige des actions concrètes et une grande volonté. En outre, les personnes très physiques, aux pieds fermement plantés sur la terre, réfléchiront davantage à la vie et se verront munies de connaissances et de liens de conscience, adoptant une vision plus holistique vis-à-vis d'elles-mêmes et de la vie en général. C'est l'une des intentions à l'origine du « Projet Équilibre », selon lequel, à l'avenir, l'ombre et la lumière, les énergies spirituelles et terrestres seront inséparables dans tous les contextes humains.

Nous devons apprendre à nous tourner les uns vers les autres lorsque nous avons besoin de conseils et ne pas juger les autres en nous demandant s'ils sont éclairés ou non. L'aide prend parfois des formes étonnantes ; vous n'aviez pas pensé que telle ou telle personne pourrait vous aider, ou qu'elle possédait ce type de connaissances ou de ressources personnelles.

Beaucoup de maîtres spirituels et d'archanges, comme Jésus, Marie et l'archange Michael, vers lesquels l'humanité s'est toujours tournée à travers ses prières, vivent aujourd'hui parmi nous, sous l'apparence de personnes relativement ordinaires. Il se peut que votre voisin ou votre meilleur ami soit l'une de ces grandes entités spirituelles, si bien camouflées que vous aurez du mal à le détecter ou d'en avoir la certitude.

La Terre compte aujourd'hui de nombreux « anges déguisés », qui aident et influencent les gens de près. Les influences et les pensées intuitives émanant de l'arrière-pays spirituel ne sont plus suffisantes.

La Puissance divine

De nombreuses personnes auront donc tout intérêt à écouter le bon sens de leur entourage, car une vérité plus grande peut se cacher dans des paroles en apparence très ordinaires. Bien sûr, tout le monde n'a pas tous les jours la chance de pouvoir accéder à un ange serviable ou à un maître spirituel déguisé.

Si vous souhaitez des conseils ou une réponse de l'arrière-pays spirituel de la Terre et que personne, dans votre cercle social immédiat, n'est en mesure de partager sa sagesse, adressez votre requête au sommet, où se trouve la puissance divine. Votre demande peut se formuler comme une prière, ou dirigez vos pensées directement vers la puissance divine. Puisque la puissance divine reste la capacité énergétique la plus élevée, elle est aussi la plus adaptée à l'attribution de tâches aux bonnes personnes, sur Terre comme au ciel. Votre voisin vous étonnera peut-être en vous présentant des paroles rédemptrices applicables à votre cas particulier, si la puissance divine intervient dans les coulisses.

Après une AuraTransformation™, il est conseillé d'envoyer vos prières directement à la puissance divine, plutôt que de les envoyer aux maîtres et archanges au niveau spirituel. Très souvent, votre capacité d'énergie personnelle sera si grande que vous aurez tout intérêt à répondre à vos propres questions, plutôt que de les adresser à un maître spirituel. Si vous ne connaissez pas la réponse, seul Dieu pourra y répondre.

Au niveau de l'esprit, les maîtres et les archanges se tournent aussi vers l'aide de la puissance divine lorsqu'ils restent sans réponses.

Esprits sœurs

Dans les Temps Nouveaux, tous les êtres auront l'occasion de rencontrer un grand amour sous la forme de leur esprit sœur, c'est-à-dire la personne avec laquelle ils ont vu le jour énergétiquement, au niveau de l'esprit, dès leur origine. Il s'agit d'une expérience affirmative et intense à tous les niveaux, qui conduira à de nombreux couples durables. Le sentiment de cohésion intérieure et extérieure qu'ils engendreront les rendra impossibles à rompre.

Les esprits sœurs sont des êtres incarnant à la fois le reflet de l'autre et son opposé, dont l'attirance physique et spirituelle est impossible à résister. Il peut être bouleversant de voir son reflet chez une autre personne – généralement le sexe opposé –, car la plupart des relations du monde ancien, basé sur l'âme, reposaient purement sur une attirance envers un être opposé, ce qui reste valable pour les esprits sœurs de l'énergie des Temps Nouveaux.

De nombreuses âmes sœurs pourront perdre un peu de leur éclat comparées aux esprits sœurs, lorsqu'ils surgiront de la brume.

Vous pouvez approfondir la notion d'Esprits sœurs dans le livre que j'ai coécrit avec mon mari, *Spirit Mates – The New Time Relationship (Les Esprits Soeurs - le couple des temps nouveaux).*

Être maître chez soi – le libre arbitre

De nombreuses personnes croient sincèrement que le destin a son rôle à jouer dans leur choix d'un partenaire. Curieusement, cette croyance est souvent renforcée par le fait que les deux partenaires le partageaient avant de se connaître, parfois depuis toujours.

La plupart admettons qu'il existe plus de liens entre le ciel et la terre que nous sommes en mesure de comprendre, d'expliquer, ou d'intégrer dans notre conscience éveillée de tous les jours. Il n'est donc pas improbable que nous ayons tous vécu de nombreuses vies, que ce soit sur cette Terre ou ailleurs dans notre vaste univers. Nous nous sommes souvent rencontrés ailleurs, à une autre époque, chose que notre subconscient nous rappelle de temps à autre, dans des expériences de déjà vu avec les personnes que nous côtoyons au jour le jour. Si vous croyez en la réincarnation, selon laquelle les humains et les animaux renaissent dans un nouveau corps et un nouvel endroit, vous comprendrez que les mêmes personnes se suivent en groupes de vie en vie. Mais les individus du groupe ne jouent pas toujours les mêmes rôles d'une vie à l'autre. La personne qui était votre mère auparavant peut très bien être votre sœur ou votre cousin ou un très bon ami dans celle-ci.

Les concepts de destin et de karma sont des phénomènes qui disparaîtront pour toujours après votre AuraTransformation™, car la conscience quitte alors le niveau de l'âme et pénètre l'énergie spirituelle au niveau Indigo ou Cristal. Avec la nouvelle aura, vous créez votre propre fortune, et vous pouvez choisir le cadre de votre vie future. En échange, l'accent est mis sur votre objectif de vie et votre dharma, selon lesquels le but ultime de votre vie est déterminé dès votre naissance, mais où les personnes ayant intégré la nouvelle aura sont libres de choisir leur propre chemin pour le réaliser.

En étant libéré de votre karma au niveau de l'âme et maître chez vous au niveau de l'esprit, vous augmentez votre conscience et votre responsabilité individuelles, vous ouvrant la voie pour créer une réalité en accord avec les principes de vie moderne, sans jamais rater une occasion d'apprendre de la vie.

Les Adultes du futur

Les futurs êtres Cristal seront en mesure d'adopter à la fois une vision holistique et individuelle.

Ils envisagent la famille et la société comme un tout, fonctionnant en tant qu'éléments pleinement intégrés à cette notion de tout. Ils n'oublient pas pour autant leur bien-être personnel et savent se concentrer sur eux-mêmes en tant qu'individus.

En 2012 et en 2013, la forme la plus actuelle de l'énergie Cristal atteindra enfin la Terre, mais comment la société se développera-t-elle à partir de 2012 et dans les années qui suivront, avec cet influx d'adultes Indigo aux commandes ?

Les enfants Indigo purs, nés à partir de 1995, seront les premiers adultes de l'énergie des Temps Nouveaux à avoir une influence directe, au niveau énergétique, sur la société, à partir de 2020. D'ici là, le monde assistera à l'arrivée d'un grand nombre d'adultes dont l'énergie Indigo sera pleinement intégrée dans leur structure aurique, par une forme d'expansion de la conscience.

Ensuite, il faudra 17 à 20 années de plus avant que les enfants Cristal purs atteignent l'âge adulte et deviennent influents dans la société. Cette époque verra aussi l'arrivée de nombreux adultes dont l'énergie Indigo sera transmutée en énergie Cristal.

Tous les adultes Cristal qui jusqu'en 2012-13 auront eu la chance de rendre apparente leur affiliation à l'énergie qui leur convient seront de plus en plus épanouis à mesure que nous nous approcherons de ces dates.

Dès 2012, ces personnes auront déjà la nette impression

d'être en terrain connu. Même si, à l'heure actuelle, l'époque où l'énergie Cristal participera pleinement aux communautés de la Terre peut nous sembler lointaine, elle n'est en réalité pas si éloignée que cela.

Les nouveaux enfants Indigo et Cristal, à travers leur être, leurs opinions et leurs besoins individuels, participeront toujours au développement de la société en suivant la trame qui sera le plus en mesure de répondre à leurs besoins humains futurs. Le monde des affaires et la société prendront toujours appui sur des novateurs qui sauront saisir les besoins de générations futures longtemps avant que les parents ne réussissent à appréhender les besoins de leurs enfants.

Rien d'important n'a lieu du jour au lendemain. Les caractéristiques de la société actuelle, reposant sur l'énergie d'âme des temps anciens, verront une transition naturelle et fluide, par le biais de l'énergie Indigo et de l'impact total de l'énergie Cristal pure sur toutes les sociétés de la planète. Cette influence sociale différera beaucoup de multiples formes de gouvernance en place à l'heure actuelle, empreintes d'une coopération souvent laborieuse. À l'avenir, il existera probablement de nombreux types de communautés, mais elles coopéreront toujours entre elles, pour le plus grand bien de la Terre entière.

Les Adultes Cristal de demain

Ce chapitre propose un résumé des facteurs élaborés plus haut qui joueront dans le monde des Cristaux de demain, lorsqu'ils auront atteint l'âge adulte. Les mêmes facteurs s'appliquent, dans une moindre mesure, aux adultes Indigo de demain.

Les adultes Cristal de demain seront très conscients de l'éducation qu'ils donneront à leurs enfants et à leur influence au jour le jour. Telles des reliques des débuts du nouveau millénaire, de nombreuses familles seront composées de nos enfants adultes, qui auront donné naissance à leurs propres enfants. Dans le monde entier, de nombreuses personnes se réuniront autour d'un repas, et pourtant il ne s'agira que de famille proche.

Ceci n'exclura en rien la présence de bons amis ; c'est précisément cette compagnie d'esprit qui réunira à l'avenir de grands groupes.

Les parents de demain auront des attitudes très différentes, mais dès que les messages de base auront été stockés dans le disque dur de leurs enfants, une influence beaucoup plus créative sera mise en place, inspirant les enfants à toujours explorer de nouvelles connaissances. Les mêmes méthodes s'appliqueront aux écoles, aux crèches et aux garderies du monde, pour garantir que les bases éthiques, professionnelles et compassionnelles des enfants seront aussi stables que possible.

Un enfant a besoin d'un fondement stable et bon pour se développer de manière positive. Toutes les « irrégularités » liées à l'attitude et au comportement individuels d'un enfant devront être éliminées dès le plus jeune âge pour éviter de futurs dégâts à l'échelle sociale et humaine.

Tous les enfants Cristal étant de nature vive, forte et lumineuse, ils détectent dès leur plus jeune âge les variations d'approches. Une impression négative aura autant d'influence sur un enfant qu'une impression positive, si l'enfant ne reçoit que ce type d'impressions de la part de ses parents et de son entourage. Les enfants savent cependant très vite effacer toute impression négative dès qu'ils reçoivent une impression exclusivement positive.

Vous n'aiderez jamais un enfant Cristal en lui faisant croire qu'il est en mesure d'agir beaucoup plus qu'il n'en est capable. Ses parents devraient plutôt passer le temps nécessaire pour que l'enfant comprenne de quelles ressources et de quels droits il bénéficie à son âge, afin qu'il n'y ait aucun malentendu lié à son image de lui-même.

Les êtres Cristal font très attention à la notion de prévention : ils veulent savoir ce qui est possible et sentir que quelque chose est approprié. Ils font aussi de bons guérisseurs lorsque le mal est déjà fait.

À l'avenir, les parents Cristal feront leur possible pour que leurs enfants reçoivent des impressions individuelles dans tous les domaines courants, lorsque cela est nécessaire, mais garantiront aussi que leurs enfants seront en mesure d'évoluer dans de grands groupes, telles la famille, la crèche, l'école ou les activités parascolaires. Plus tard, ces enfants devenus adultes sauront s'adapter à leur lieu de travail, à leur famille et en société, où les exigences en matière d'indépendance et d'harmonie intérieure et extérieure auront énormément évolué.

Les adultes Cristal de demain seront très conscients de leur identité et de leurs qualifications tant humaines que professionnelles ; ils ne sont pas égoïstes, comme le pensent à tort certains adultes actuels.

Les êtres Cristal de demain auront une attitude très lucide par rapport à eux-mêmes, aux autres et à la société en tant que tout, et seront conscients de leur positionnement dans la vie. Ils ne se mentent pas à eux-mêmes en prétendant être plus importants, plus intéressants, inférieurs ou pires qu'ils ne le sont en réalité. Ils savent qui ils sont et connaissent leur place quel que soit le contexte et ont des attitudes très réalistes quant aux relations sociales et personnelles.

Ils sont conscients et constants concernant leurs choix et leurs refus dans les domaines familiaux, amicaux, professionnels, de loisirs, etc. Ils *savent* avec qui ils souhaitent entretenir une relation proche et ceux avec lesquels ils ne souhaitent pas se rapprocher ; ils sont honnêtes dans toutes leurs relations. Il n'est pas possible d'avoir une relation avec un Cristal en ayant des doutes sur qui il est et ce qu'il représente. En cas de doute, demandez-le-lui – il vous répondra.

Les êtres Cristal n'hésitent pas à patienter pour trouver leur « vrai » partenaire dès la première fois. Ils ne formeront pas une série de couples dysfonctionnels par erreur en espérant tomber sur le bon simplement par peur de rester seuls ou pour accumuler les expériences. Ils établissent des priorités et font des choix plus judicieux que les adultes d'aujourd'hui, et n'aiment pas les compromis, quelle que soit la situation.

Leur attitude très pure leur permet de rester à leur place lorsqu'ils sont en couple, si les règles du jeu l'exigent, et ils feront un effort pour ne pas susciter des confrontations inappropriées.

Il est facile de provoquer un être Cristal, ce qui motive parfois des décisions bêtes, uniquement parce qu'une personne vibrant à une fréquence plus basse les aura provoqués. Ils parlent franchement et tirent des conclusions sur la façon dont ils veulent se comporter avec telle personne ou dans telle situation, même si cela signifie qu'ils mettront fin à certaines fréquentations.

À l'avenir, l'équilibre et l'harmonie dans la vie quotidienne, la justice et des actions pleines de sens auront une grande importance pour tous les êtres Cristal, que ce soit dans leurs loisirs ou au travail.

Au travail, par exemple, ils exigeront une cohérence globale et une corrélation directe entre leur philosophie et leurs attitudes générales et celles de leur société. Faute de cela, il leur sera impossible d'éprouver une quelconque loyauté envers leur lieu de travail.

Un Cristal doit pouvoir s'identifier positivement aux objectifs d'ensemble d'une société et aux étapes importantes le concernant directement. Autrement, son travail n'a à ses yeux aucune valeur, car ces êtres aiment être engagés et s'immerger dans ce qu'ils font.

Il importe aussi que tout accroc au travail, c'est-à-dire découlant d'aspects pratiques, humains et économiques, soit éliminé. L'équité, l'équilibre et l'harmonie entre les efforts d'un Cristal et sa rémunération doivent également être justes. Les êtres Cristal comprennent très bien qu'ils doivent donner pour recevoir et qu'ils devront en faire un peu plus si leur employeur investit dans le développement de leurs qualifications et/ou leurs connaissances professionnelles.

Un Cristal doit avoir suffisamment de liberté au travail et pouvoir travailler à sa façon en fonction de ses propres hypothèses. Il conviendra de les clarifier au moment de l'embauche, afin que l'employeur et l'employé sachent ce qu'ils doivent attendre l'un de l'autre. C'est une marque de confiance à laquelle ils s'attendent et qu'ils se feront un point d'honneur à suivre. Puisque ce sont des individualistes axés sur le tout, ils ne se comporteront jamais de façon égoïste, que ce soit au travail ou en société. Dans un contexte professionnel, ils pensent toujours à cette notion de tout, mais sont également conscients de leur emplacement, ainsi que de celui de leur patron, de leurs collègues et/ou leurs clients dans ce tout.

Enfin, les êtres Cristal doivent savoir que leur société et leur équipe continueront à se développer et qu'ils pourront aussi poursuivre leur développement personnel au sein de ce cadre professionnel pour rester engagés ; ils souhaiteront avoir une influence personnelle dans leur univers professionnel.

Les Cristaux sont généralement heureux d'avoir de l'influence dans les domaines qui leur sont importants, que ce soit en politique, dans les questions sociales ou d'environnement, pour améliorer les conditions de vie d'enfants, de personnes âgées ou handicapées, la planification locale ou encore se mobiliser pour un nouveau terrain de foot dans l'aire de jeu des enfants, etc.

La participation personnelle prendra une place beaucoup plus importante à l'échelle planétaire, car la plupart des gens auront un objectif de vie spécifique qui n'impliquera pas qu'eux.

Les êtres Cristal se sont incarnés sur Terre pour avoir un immense impact positif dans tous les domaines. Ils gèrent toute injustice dans les plus brefs délais, que ce soit une injustice personnelle ou celles de leurs proches, à la maison, à l'école, à la crèche, au travail, dans n'importe quel domaine social.

Les êtres Cristal ne tolèrent aucune injustice, qu'ils transforment par des actions constructives.

La pensée et l'action sont toujours liées dans le fonctionnement d'êtres Cristal.

Conclusion

Il y a quelques années, j'ai reçu un email d'un Aura Mediator™ que j'avais formé. Son message m'a fait penser à quel point il était important que les choses et les énergies aient chacune leur place, sans quoi la Terre peut rapidement devenir un enfer.

Au Ciel,
les policiers sont anglais,
la cuisine est française,
les garagistes sont allemands,
les amants italiens,
et tout est organisé par les Suisses.

En enfer,
la cuisine est anglaise,
les garagistes sont français,
les amants suisses,
les policiers sont allemands,
et tout est organisé par les Italiens.

Évidemment, il existe de bons cuisiniers anglais et d'ailleurs, on ne voit qu'eux en ce moment à la télé européenne, mais lorsque j'ai reçu cet email, peu de Danois ne parlaient de façon flatteuse de la gastronomie anglaise, à part leur petit-déjeuner.

Créez les meilleures conditions de vie pour vous et souvenez-vous de toujours laisser les autres vivre leur vie comme ils l'entendent, à moins que cela n'ait un impact négatif sur vous ou d'autres.

Certaines situations sur cette Terre n'ont jamais été accepta-bles et ne le seront jamais : bien sûr, il ne s'agit pas simplement de rester là à sourire si quelqu'un transgresse vos limites ou celles de vos proches.

Je vous conseille d'éclairer votre vie autant que possible, en séparant tous les jours les chèvres des moutons, de façon à toujours savoir à qui vous avez affaire et de pouvoir agir en conséquence.

De cette façon, vous ne risquerez pas de donner un coup de poing à votre meilleur ami, ni d'embrasser votre ennemi.

Salutations chaleureuses,

Anni Sennov

Présentation de la créatrice AuraTransformation™

Anni Sennov

Anni Sennov est à l'origine de l'AuraTransformation™ et la fondatrice des formations d'Aura Mediator™ qui sont organisées dans plusieurs pays, principalement en Europe (**www.aura transformation.fr**).

Elle travaille de manière quotidienne avec tous les instructeurs de la formation des Aura Mediators™ dans de nombreux pays. En France, Anni travaille avec Sue Jonas Dupuis, qui est aussi la formatrice en Suisse.

Anni Sennov est conseillère clairvoyante, conférencière internationale et auteure de plus de 20 livres explorant l'énergie, la conscience et le développement personnel, les enfants et les relations des Temps Nouveaux, plusieurs d'entre eux ayant été traduits du danois en nombreuses langues.

Avec son mari Carsten Sennov, elle est partenaire dans la maison d'édition Good Adventures Publishing (**www.good-adventu res.com**), ainsi que dans la société de conseil et de coaching SennovPartners (**www.sennovpartners.com**), où elle est consultante en développement personnel, en énergie et en conscience.

Anni et Carsten Sennov ont développé four element profile™ (**www.fourelementprofile.eu**), un indicateur de type de personnalité constitué des quatre principales énergies correspondant aux éléments du Feu, de l'Eau, de la Terre et de l'Air, présentes en chacun dans des associations de force et d'équilibre divers. De nombreuses formations sont proposées pour comprendre et intégrer ces éléments, que ce soit dans le domaine professionnel ou à titre personnel.

Anni Sennov est née au Denmark en 1962 et a évolué à l'origine dans le monde de la finance. Depuis 1993, elle dirige son propre cabinet d'orientation personnelle, où sa grande force est sa capacité à percevoir par clairvoyance les nombreuses circonstances pertinentes concernant la personnalité et la conscience de ses clients.

Le travail et les livres d'Anni Sennov sont cités dans de nombreux magazines et journaux et ont été diffusés à la radio et la télévision, tant en Europe que sur d'autres continents.

Vous pouvez vous connecter au profil d'Anni Sennov sur LinkedIn, Google+, Twitter et Facebook, où son profil d'auteur est disponible en anglais :

facebook.com/pages/Anni-Sennov/141606735859411

Vous pouvez aussi vous abonner à sa newsletter en anglais en vous rendant sur **www.annisennov.com**.

Abonnez-vous au blog d'Anni Sennov (en anglais):

annisennov.com/category/blog/members-only/

En outre, il est possible de s'abonner à la newsletter en anglais du four element profile™ sur **www.fourelementprofile.eu**.

Enfin, des vidéos à propos de l'AuraTransformation™ sont disponibles sur **www.youtube.com/sennovpartners**, ou sur le four element profile™, sur **www.youtube.com/fourelementprofile**.

Les Livres d'Anni Sennov

Livres disponibles :

Les Énergies Cristal et Indigo : un équilibre à tous les niveaux
Balance on All Levels with the Crystal and Indigo Energies (anglais)
Balance på alle planer med krystal- & indigoenergien (danois)
Kristalli- ja indigoenergiat ja kokonaisvaltainen tasapaino (finlandais)
Balanse på alle plan med krystall- og indigoenergien (norvégien)
Balans på alla plan med kristall- och indigoenergin (suédois)

Récupère ton pouvoir maintenant ! - Co-auteur : Carsten Sennov
Get Your Power Back Now !(anglais)
Tag din kraft tilbage nu ! (danois)
Energy of the Art of Self-defense (japonais) *(2 en 1: Le petit guide de l'énergie 1 +*
Récupère ton pouvoir maintenant !)
Astu omaan voimaasi ! (finlandais)
Ta tilbake kraften din nå ! (norvégien)
Ta tillbaka din kraft nu ! (suédois)

Le petit guide de l'énergie 1 - Co-auteur : Carsten Sennov
The Little Energy Guide 1 (anglais)
Den lille energiguide 1 (danois)
Väike energia teejuht 1 (estonien)
Pieni energiaopas 1 (finlandais)
Energy of the Art of Self-defense (japonais) *(2 en 1: Le petit guide de l'énergie 1 +*
Récupère ton pouvoir maintenant !)
Den lille energiguiden 1 (norvégien)
Мини-руководство по работе с энергией, часть 1 (russe)
Den lilla energiguiden 1 (suédois)
Malý energetický průvodce 1 (tchèque)

(L'être Cristal et le processus de Cristallisation I + II)
The Crystal Human and the Crystallization Process Part I (anglais)
The Crystal Human and the Crystallization Process Part II (anglais)

Krystalmennesket & Krystalliseringsprocessen (danois)

Kristallmänniskan och Krystalliseringsprocessen (suédois)

(Age Doré, Terre Dorée)
Golden Age, Golden Earth (anglais)
Den Gyldne Jord (danois)
Jordens Gyllene Tid (suédois)

(Les Esprits Soeurs - le couple des temps nouveaux)
Spirit Mates - The New Time Relationship - Co-auteur : Carsten Sennov (anglais)
Henkikumppanuus – uuden aikakauden suhde (finlandais)
Spirit Mates – The New Time Relationship (japonais)
Andedualitet - Den Nya Tidens förhållande (suédois)

(Les Temps Nouveaux - libre de tout karma)
Karma-free in the New Time (anglais)
Karmasta vapaana uuteen aikakauteen (finlandais)
Karmafri i den nye tiden (norvégien)
Karmafri i den nya tiden (suédois)

(Soyez le leader conscient de votre vie)
Bliv bevidst leder i dit eget liv (danois) - Co-auteur : Carsten Sennov
Bli medveten Ledare i ditt eget liv (suédois)

(Les enfants Cristal, Indigo et les adultes du futur)
Crystal Children, Indigo Children and Adults of the Future (anglais)
Kristall-lapsed, indigolapsed ja uue ajastu täiskasvanud (estonien)
Pure Indigo & Pure Crystal Children (japonais)
Кристальные дети,дети Индигои взрослые нового времени (russe)

(Le petit guide de l'amour, du sexe et de l'attirance)
Love, Sex and Attraction - A Short Guide to a Successful Relationship (anglais)

Tous les livres sont disponibles sur www.annisennov.com.

Ressources

Récupère ton pouvoir maintenant !
d'Anni et Carsten Sennov

Le petit guide de l'énergie 1
d'Anni et Carsten Sennov

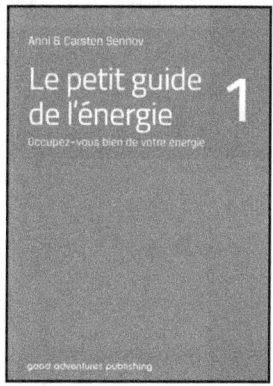

The Crystal Human and the Crystallization Process
Part I and Part II (anglais)
d'Anni Sennov

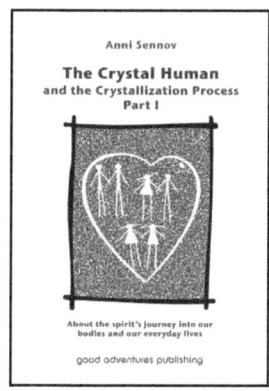

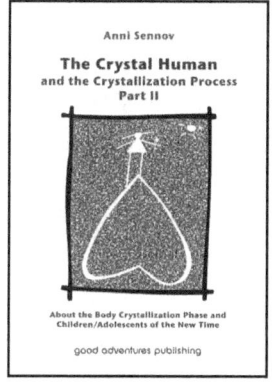

Voir aussi www.amazon.fr

La formation d'Aura Mediator™

La formation d'Aura Mediator™ est une formation intensive se déroulant sur 5 jours, au cours de laquelle les participants reçoivent toutes les habilités et les méthodes nécessaires pour réaliser une séance d'AuraTransformation™.

Qui peut suivre cette formation ?

- Les personnes passionnées et sensibilisées par un travail sur eux-mêmes, sur d'autres personnes et/ou la société en général, à travers le développement et l'élargissement de la conscience d'un point de vue spirituel

- Les personnes souhaitant affiner leurs capacités, leurs compétences personnelles et la qualité générale de leur vie

- Les personnes souhaitant aider les autres en synchronisant et en actualisant leurs champs énergétiques aux énergies en mutation rapide de notre époque

- Les personnes souhaitant utiliser leurs compétences en matière d'AuraTransformation™ dans le contexte d'une activité professionnelle déjà établie, ou en tant qu'offre principale à leurs clients

Chaque participant doit avoir reçu une AuraTransformation™ au moins 2 mois avant leur formation.

Que se passe-t-il pendant la formation d'Aura Mediator™ ?

Cette formation est un processus intensif que l'on vit sur un plan théorique ainsi que dans son corps physique et son aura. Le travail d'AuraTransformation™ et par extension celui de la formation, est lié à l'intégration et à l'équilibrage des nouveaux aspects des quatre éléments (le Feu, l'Eau, la Terre et l'Air) dans le contexte du processus de cristallisation, dans lequel l'esprit est intégré dans l'aura et dans le corps physique.

La compréhension du travail sur l'équilibre, les fréquences et sur la façon de maintenir la souveraineté énergétique est approfondie. La formation enseigne également comment travailler avec les différentes typologies de clients.

La première partie de la formation comporte une consultation individuelle qui dure entre 3 heures et demie et 4 heures. À la suite de ce processus, l'objectif de vie Cristal individuel du participant commence à se développer plus clairement. La source Cristal et le potentiel en tant qu'Aura Mediator™ du participant sont ouverts et activés, ouvrant la voie à la deuxième partie de la formation, plus pratique et théorique.

Cette deuxième partie se déroule en petits groupes de 4 à 8 participants accompagnés par un formateur principal, ainsi qu'un ou deux co-formateurs ou assistants lorsque la formation compte plus de six participants. Les éléments théoriques de la formation auront également des composants dynamiques et interactifs. Une expérience sur le terrain, travaillant professionnellement avec des clients sous la supervision directe du formateur sera aussi intégrée à la formation.

À la suite de la formation intensive sur 5 jours, une phase de soutien téléphonique et par email de deux mois est ouverte, permettant de répondre aux questions et aux demandes de conseils liées au travail avec les clients en AuraTransformation™.

Inscription

Pour les formations en cours et pour vous inscrire à la formation d'Aura Mediator™, rendez-vous sur **www.auratransformation.fr**.